Zwei weiße Schmetterlinge

Gedichte und Gedanken
von Gertraude Portisch

Zwei weiße Schmetterlinge

Gedichte und Gedanken
von Gertraude Portisch

Zwei weiße Schmetterlinge
Gedichte und Gedanken
von Gertraude Portisch

1. Auflage
© 2013 EP-VERLAG, Wien
Lektorat: Dr. Arnold Klaffenböck
Gesamtherstellung: www.theiss.at
Umschlaggestaltung: **kratkys.net** X
Gesetzt aus der Avenir
Printed in Austria
ISBN 978-3-9026-3501-3

1 2 3 4 5 6 7 8 / 15 14 13

Inhaltsverzeichnis

Vom bitteren Tee bis hin zum süßen Wein,
soll jeder Tag ein Leben sein ...

Berauscht ist man, wenn eine Orgel spielt ...

Die Rose, die noch gestern eine Knospe war …

Das größte aller Rätsel aber ist in euch verborgen …

Dann ist der Tod wieder ein Lachen wert ...

Staufen-antibakteriell
80 g/qm, holzfrei

Was ist das? Das soll etwa Papier sein?
Glatt, unpersönlich, fast feindlich.
Es lädt nicht zum Schreiben ein.
Es zeigt nicht, dass es lebt!
Einst stand ein grüner Baum
hinter jeder Seite.
Heute ist es Staufen-antibakteriell.
Was soll das? Gibt es keine Bäume mehr?
80 g/qm, holzfrei.
Glatt, unpersönlich, fremd, fast feindlich.
Das antibakterielle Gift
spritzt ihm aus jeder Pore
und tötet Geist und Fantasie.
Das muss das Ende sein.

Staufen-antibakteriell
80 g/qm, holzfrei
Drei Jahre später.

Nun endlich bist Du da!
Es war schon höchste Zeit.
Deine Glätte und Unpersönlichkeit
spornen mich heute an,
jetzt, wo ich weiß, dass nie ein
Baum mehr Pate stand bei der Geburt!
Heute ist Gift, was unsere Bäume fällt.
So ändern sich die Zeiten!
Jetzt hat sich meine Feder längst gewöhnt
an Unpersönlichkeit und kühle Glätte,
auch weiß ich schon,
dass kein Baum sterben muss,
wenn ich hier meine Zeichen setze.
Also gib es mir:
STAUFEN-ANTIBAKTERIELL
80 g/qm, holzfrei.

Befleckte Unschuld

Oh Unschuld eines weißen Blattes,
reine und unbefleckte Pracht!
Ein geheimer Drang erfüllt mich,
eine böse Lust, frech zu zerstören
diese Herrlichkeit, zu schwelgen
in befleckter Unschuld.
Aber so ist es nun.

Es zeugt von meiner Existenz.
Hier war ich und dies sind meine Zeichen.
Wieder habe ich einen Mord begangen,
den Mord an einer jungfräulichen Seite.
Das Opfer jedoch dieser Tat
belebt sich plötzlich wunderbar,
schüttelt die Todesmaske ab
und sieht mich lachend an.

Im schwarzen Irrgarten beginnt der Schwarm
der Hieroglyphen den Tanz des Lebens nun.
Der Herr bin ich und sie die Sklaven.
Oh Eitelkeit des Mörders!

Die glatte Seite, nun beschmutzt,
zeigt echte Toleranz –
doch ich werd' so zum Sklaven!
Die Zeichen werden Buchstaben
und schon verachte ich sie,
will sie drehen und wenden,
dann will ich sie verbrennen,
aber sie leisten Widerstand,
werden niemals mehr zu nichts,
und in der blauen Flamme
sehen sie mich an.

Die Unschuld ist zur Schuld geworden.

*Vom bitteren Tee
bis hin zum süßen Wein,
soll jeder Tag
ein Leben sein …*

Leben

Was ist Leben?

Wenn nicht lieben?
Wenn nicht tun?
Wenn nicht fragen?
Wenn nicht denken?
Wenn nicht hoffen?

Und was ist Leben nicht?

Wenn man nicht blind ist und doch nicht sehen kann.
Wenn man nicht taub ist und doch nicht hören kann.
Wenn man nicht stumm ist, doch seine Worte für sich
behält.
Wenn man Liebe empfangen, aber nicht geben
kann.
Wenn man nicht gelernt hat, die Schwächen anderer
zu tolerieren.
Wenn man nicht weiß, wie Worte verwunden können.
Wenn man nicht weiß, dass Worte auch heilen
können.
Wenn man Weinen nicht in Lachen verwandeln kann.
Wenn man nicht Verzweiflung in Hoffnung
verwandeln kann.
Wenn man nicht gelernt hat, Schmerz als Prüfung zu
verstehen.

Zwei weiße Schmetterlinge

Zwei weiße Schmetterlinge in meinem Garten
können den Tag zum Erlebnis machen.
Ein kleiner Gecko, der beim Öffnen des Fensters
zufällig zermalmt wird, gibt mir Schuldgefühle bis
zum Abend.
Die wunderbare Geburt eines Schmetterlings aus
einer Raupe weckt Gedanken an die Unsterblichkeit
aller Dinge.
Der Sonnenuntergang hinter den Hügeln – ein
Phänomen wie kein anderes, wenn auch schon
hundertmal erlebt.
Immer neu, immer faszinierend, mit neuen Farben,
und die Streifen der Oliventerrassen, die langsam im
Dunkeln versinken.
Die Rose, die erst gestern eine kleine Knospe war.
Der kleine Sonnenstrahl, der ein Blatt aus vielen
wie einen Stern aufleuchten lässt.
Wer all das sieht, kann sich der Zeit ruhig
hingeben – wie einem Freund.

Bitterer Tee

Am frühen Morgen gebt mir bitteren Tee,
denn jeder Tag muss wachsen
in einem ständigen Crescendo
bis hin zum Abend – bis zu der Erfüllung.
Vom bitteren Tee und Morgenfrösteln
bis zur Mittagshitze wachsen muss so ein Tag
und ständig Neues bringen.
Ein Drängen muss sein und eine Ungeduld
bis hin zum Abend – bis zu der Erfüllung.
Zum Ruhen und Rasten und Zufriedenheit,
dass der Tag nicht umsonst vergangen ist.
Und dazu Fröhlichkeit und süßer Wein
und Zärtlichkeit und gute Worte.
Vom bitteren Tee bis hin zum süßen Wein,
soll jeder Tag ein Leben sein.

Das Sandkorn

Ich bin zwar nur ein Sandkorn
in der großen Zeitenwüste,
und doch bin ich alles.
Ich bin das Universum,
nichts weniger als das.
Ich bin alles, was ich sehe, höre und fühle.

Das bin ich alles,
nichts weniger als das.
Ohne mich gibt es nichts, verstehst du?
Ohne mich hat die Welt ihren Sinn verloren,
noch gibt es ein Heute oder Morgen.
Dasselbe gilt für dich und alle.
Ist das nicht wunderbar?

Wenn ich bedenke, dass die Welt sich dreht
um Narren, so wie dich und mich,
dann muss ich lachen.
Und überhaupt bin ich gegen den Ernst,
wo alles doch so lachhaft ist!

Ich bin gegen die Rationalität,
gegen den Ehrgeiz und das Strebertum,
auch bin ich gegen Stolz und Eitelkeit,
denn das ist alles so unendlich endlich!

Wir aber, die wirklich unendlich sind,
wissen, dass auch der Tod ein Spiel ist
wie das Leben.
Und deshalb fühl' ich mich verpflichtet,
euch zu warnen vor zu viel Ernst,
vor zu viel Rationalität,
vor Ehrgeiz und vor Strebertum,
vor zu viel Stolz und Eitelkeit.

Glaubt mir, das alles ist ein Spuk,
und wenn die Stunde schlägt, ist er aus.
Hat es sich dann gelohnt, zu ernst zu sein?

D-Fis und G

Die Melodie ist plötzlich da,
als die Welle an den Felsen schlägt.
D-Fis und G und immer wieder.
Weißt du, was eine Melodie vermag?
Was sie heraufbeschwören kann?
Gespräche, Landschaften und Liebesnächte?

Der Duft ist plötzlich da,
als der Wind über die Felder streicht.
Gelber Melonenduft. Auch Düfte haben Farben.
Weißt du, was so ein Duft vermag?
Was so ein Duft heraufbeschwören kann?
Gespräche, Landschaften und Liebesnächte?

Das Wort ist plötzlich da,
wie eine Melodie oder ein Duft.
Ein Wort aus lang vergangenen Zeiten.
Weißt du, was so ein Wort vermag?
Was es heraufbeschwören kann?
Gespräche, Landschaften und Liebesnächte?

Der Same

Ich bin der Same
und niemand weiß,
wie hoch ich fliegen werde.
Voller Wunder ist der Wind,
der mich über Wiesen treibt
und über Busch und Baum.

Ich bin der Same,
bis zum Rande
meiner leichten Federn
voll von himmlischem Verlangen.
Liebe trägt mich durch die Luft,
während ich im Winde segle.

Ich bin der Same
und ich folge schnell dem Echo
eines Rufs vom Walde her,
während rund um mich im Kreise
andere Samen um mich tanzen,
Gefährten auf demselben Weg.

Ich bin der Same
und niemand weiß,
wo mein Baum einst stehen wird.
Hoffnung, Liebe, Freude bin ich,
und das Schicksal liegt im Winde,
dessen Sklave ich so gerne bin.

Die kleine Hand

Die ersten zarten Blüten auf dem Apfelbaum,
die saftig grünen Schösslinge der Weiden,
die am Bach sich biegen,
die Vögel, die in der großen Esche trillern,
alles zeigt an, dass sich der Frühling naht.
Und ein Gefühl der Wärme,
die noch keine ist, steigt auf.
Ein Glücksgefühl nach einem strengen Winter.

Aber dieses Gefühl des Glücks ist nicht
vergleichbar mit dem, das mich erfüllt,
wenn deine kleine Hand zaghaft die meine sucht,
voll vertrauend auf meinen Schutz
und meine Liebe.
Die Verantwortung, die nun auf mir liegt,
ist schwer und ich frage mich:
Bin ich so viel Vertrauens wert?

Bei den Erwachsenen ist das Vertrauen
eine Sache, die mit Jahren wächst.
Aber bei Kindern ist es ein Geschenk,
spontan nur dem Gefühl des Augenblicks
gegeben, ohne Angst oder Verdacht
auf Missbrauch oder Ablehnung.

Die schönsten Geschenke sind die,
die einem Kinder machen:
ein kleines Sträußchen Blumen,
ein schöner Pilz, ein bunter Käfer …
oder auch nur ein Lächeln …

Ich wünschte nur, dass alle jene,
die später von der Liebe ihrer Kinder
enttäuscht sind, sich erinnern,
wie viel Liebe sie schon empfangen hatten,
als ihre Kinder klein und unbefangen waren …

Das stumme Kind

Ich kannte ihn als kleines Kind,
als er nicht sprechen wollte.
Worte, die Waffen sind,
die wollte er nicht lernen.
Worte waren Schreie der Verzweiflung,
Worte waren faule Lügen,
Worte waren reines Gift,
Worte waren Traurigkeit,
Worte waren hässlich.
Deshalb hatte er sich vorgenommen,
nie zu sprechen,
auch wenn er nicht stumm war.
Ärzte wurden konsultiert,
Psychiater aufgesucht,
Psychologen, Therapeuten,
Internisten und Chirurgen.
Niemand wusste ein noch aus.
Als er mich einmal sah,
da lächelte er mich an.
„Mit mir musst du nicht sprechen", sagte ich,
und er sagte ganz leise: „Ja, ich weiß."

Die Bühne

Das Leben ist hart, mein Kind,
wir können es für dich nicht leben.
Wir trennen uns, auch wenn es grausam scheint.
Dein eigener Weg wurde bis jetzt
durch unser Mitgefühl verdunkelt.
Geh, Kind, nur Mut!
Wir sind das Bühnenbild in deinem Stück.
Dir scheinen wir schon wie ein
alter Mummenschanz,
und doch wirst du auf deiner
einzigartigen Bühne nun alle Akte
ganz alleine spielen.
Langsam versinkt das Bühnenbild,
vergeht in neuen Szenerien.
Der Trost bleibt ohne Bitterkeit –
Ohne uns hätte es gar kein Stück gegeben.

Dunkelheit

Dunkelheit – Wiege der Träume
Dunkelheit – in der alle Dinge möglich werden
Dunkelheit – in der Größe und Form der Dinge
verschmelzen
Dunkelheit – in der sich Farben auflösen und alles
groß oder klein wird
Dunkelheit – in der das Tier mehr Feind als
Freund ist
Dunkelheit – Tiere haben keine Angst davor
Dunkelheit – Schrecken aller kleinen Kinder
Dunkelheit – voller Wesen, die wir fürchten
Dunkelheit – Zuflucht der Gejagten
Dunkelheit – auch oft der Tod des Jägers
Dunkelheit – in der ein Wispern zu einem Schrei wird
Dunkelheit – Zeit der Ängste und Illusionen
Dunkelheit – in der Hass und Liebe ohne die Augen
des Lichts sprießen
Dunkelheit – in der ein sorglos hingeworfenes Wort
eine tödliche Waffe wird
Dunkelheit – in der die sanfte Berührung einer Hand
einen Schrei auslöst
Dunkelheit – in der Gewalt die Hoffnung auf Liebe
zerstören kann
Dunkelheit – in der die Ängste des Tages manchmal
magisch verschwinden
Dunkelheit – in der die Ängste des Tages manchmal
ins Riesenhafte wachsen
Dunkelheit – in der das Kerzenlicht zur Sonne wird
Dunkelheit – dunkelblau, nicht gänzlich schwarz,
nicht weich, noch hart, doch endlos tief

Dunkelheit – lautlos und doch voller Stimmen, wenn sich alle Sinne schärfen
Dunkelheit – Angst, Dinge zu berühren
Dunkelheit – Trost für alles Hässliche und Entstellte
Dunkelheit – Balsam für müde Körper
Dunkelheit – Erlösung für lange zurückgehaltene Tränen
Dunkelheit – Versteck für heimliche Leidenschaften
Dunkelheit – in der wir straucheln, während die Maus leichtfüßig dahinhuscht
Dunkelheit – die Hälfte unseres Lebens
Dunkelheit – Schwester des Todes

Die Uhr

Ich fürchte mich nicht vor dir,
obwohl dein Tick und Tack
Unwiederbringliches verschlingt,
für alle – auch für mich.
Als wir die Zeit erfanden,
verschenkten wir unsere Freiheit.
Aus purem Übermut.

Danach wurde das Wörtchen „Ordnung"
groß geschrieben.
Alles musste seine Ordnung haben.
Alles musste gezählt werden,
die Tage des Jahres, die Stunden und Minuten.

Freiheit hieß vorher vieles:
Freiheit zu schlafen und zu wachen,
Freiheit zu kommen und zu gehen,
Freiheit zu sein.
Seither haben wir unsere Freiheit
den Zahlen überlassen.
Den Zahlen auf der Uhr.
Sie machen uns zu Sklaven.

So hasten wir dahin und haben ganz vergessen,
was Gelassenheit ist und Muße.
Wir sehen ständig auf die Uhr
und das Gewissen plagt uns:
Das hast du vergessen und jenes.

Wenn die Uhr denken könnte,
würde sie sich wundern.
Sie hat das Glück, stehen bleiben zu können.
Ein wenig nachzudenken, um dann –
und das kann Jahre später sein –
wieder zu ticken.

Verjüngt und frisch geölt, macht sie Tick-Tack.
Sollten wir nicht von ihr lernen,
und immer wieder einmal
stehen bleiben, um nachzudenken?

Wozu die ganze Hast?
Gibt es nichts Wichtigeres im Leben?
Die Uhr hat keine Eile.
Es wird nicht allzu lange dauern und
neue Menschen werden sich nach ihr richten.

Dann sind wir längst im Reich der Schatten,
verschlungen von der Zeit, der Zeit der Uhr.
Tick-Tack.

Wir stapfen so dahin

Was tun wir eigentlich in dieser Welt,
wenn wir die Schrift nicht
deuten können an der Wand?
Was sind denn unsere Werte heute?
Wir sind ein Spielball unserer selbst,
nicht einer unsichtbaren Macht,
die irgendwo im Universum wirkt!
Wir lenken diese unsere Welt
und erst wenn wir verstehen,
wie verknüpft wir mit der Umwelt sind,
können wir unser Schicksal lenken.
Wir stapfen auf den Spuren der Ahnen so dahin
und können nicht über die Mauern sehen,
die wir uns selbst errichtet haben.
Jedoch wir ahnen, dass auf der anderen Seite
Friede und Eintracht herrscht,
und Blüten überall bis an den Horizont.

Die dunkle Werkstatt

„Die Imagination ist eine dunkle Werkstatt geheimer Kräfte, von denen das Abc-Buch gerade so viel erklären kann wie die Monadologie über die Ursachen der Vegetation und Fortpflanzung. Da sind Kräfte am Werk, die im Verborgenen wirken, und darüber hängt der heilige Schleier der Natur, den kein Sterblicher je aufgedeckt hat …"

So weit meine Großmutter. Das Leben ist so, wie wir es gestalten: Himmel und Hölle sind hier und jetzt, und wir schaffen sie täglich neu.
Die dunkle Werkstatt umgibt mich, oder sie ist in mir. Ich weiß es nicht, aber ich spüre ihre Präsenz. Manchmal glaube ich, in ihr zu verschmachten, dann wieder, mich ihr anzuvertrauen.
Die dunkle Werkstatt hat eine seltsam magnetische Wirkung. Wenn ich dich hineinzöge, würde ich vielleicht alles zerstören. Da ich es nie tue, bleibt zwischen uns immer etwas ungesagt, jedoch nicht verschwiegen.
Da ist dieses Etwas, das ich selbst nicht verstehe, noch weniger erklären kann, das dir fremd vorkommt, aber doch kein Geheimnis ist.
In der dunklen Werkstatt, wenn sie manchmal etwas Licht durchlässt, stehen die Reihen meiner Ahnen und sie senden kryptische Signale in das Heute. Manchmal glaube ich, ein oder zwei Sätze entschlüsseln zu können, aber der Sinn ging auf der langen Reise verloren. Ich scheine dem Gestern etwas schuldig zu sein und es bedrückt mich. Etwas oder jemand jagt mich, sagt mir: Tu, schreibe, ordne! La vita e corta, life is short,

das Leben ist kurz – wie immer man es sagt, es ist wie eine Drohung und verfolgt mich manchmal auch in meinen Träumen …

Aber ich bin schwach geworden und kämpfe zwar gegen die „inertia", aber mit wenig Erfolg. Trotzdem weiß ich, dass alle Schwäche eigentlich vom Kopf kommt, und von dort her muss ich sie bekämpfen.

Die dunkle Werkstatt muss ich erhellen. Ich muss sie zum Leben erwecken, wenn alles einzuschlafen scheint. Wenn ich glauben dürfte, dass nur ein Gott mir helfen könnte, wie er meiner Großmutter immer geholfen hat, wäre vielleicht viel gewonnen, aber so leicht habe ich es mir nie gemacht.

Berauscht ist man,
wenn eine Orgel spielt …

Exeter

Kaleidoskopisch wandelt sich das Licht,
das durch die großen Fenster fällt.
Ich stehe auf dem Rasen vor der Kathedrale
und bin gebannt von ihrer Schönheit.
Sie scheint aus dem Gras zu wachsen,
so, als hätte sie ihre ganze Höhe
noch nicht erreicht,
und so, als würden ihre grauen Mauern
bis tief ins Innere der Erde reichen.
Das Licht der Fenster ist nicht irdisch,
mit irdischen Worten kaum zu deuten.
Dort ist Gott, denke ich.
Man hält ihn dort gefangen.
Ich aber weiß,
dass jeder ihn still in sich trägt.

Dieses Bauwerk ist ein Traum von Gott,
den einer einst von ihm geträumt.
Viele haben an ihm gebaut.
Viele, auf denen der bittere Fluch
der Armut lastet und die als Opfer
dieses Traums geschunden wurden.
Zur größeren Glorie unseres Herrn.
Bittere Stunden, die zu Gold hier wurden.
Auf dem Platz vor der Kathedrale,
umringt von dem Schwarz-Weiß
der alten Häuser mit ihrem
Butzenscheibencharme, weiß ich,
dass ich schon einmal hier war.
Alles ist einmalig und dennoch neu.

Die Statue des Erbauers sieht mich an
wie ein Relikt aus einem alten Traum.
Das schon verwitterte Gesicht lächelt mich an,
aber ich weiß,
das Lächeln gilt nur mir.
Und plötzlich steckt's mir in der Kehle
und läuft hinauf bis in die Augen
und drückt auf Tränendrüsen,
drückt und drückt.
Ich nehm' die Brille ab
und denke mir: Sei jetzt vernünftig,
wer braucht schon deine Emotionen hier?
Hat jeder nicht genug mit seinen eigenen
und kommt nicht ganz zurecht!
Kinder in Uniformen gehen vorbei,
es riecht nach Speck und Eiern.
Hinter mir tönt leise Kitschmusik.
Immer dasselbe Lied, gleichtönig, dumm.
Der Tee schmeckt
wie nirgends anderswo,
und kleine Kinder hüpfen
wie nirgends sonst wo,
in ihrem Traum verloren.
Hier träumt ein jeder seinen Traum
und keiner tritt ungebeten ein.
Und auch ich träume einen Traum
aus einer anderen Zeit.
Als ich hier Kind war und über
diese Wiese hüpfte, in meinen Traum verstrickt,
doch still, denn dieser Traum versinkt …

Kirche

Berauscht ist man, wenn eine Orgel spielt.
Wenn schöne Stimmen Choräle singen
und wenn Weihrauch alles leicht in Nebel hüllt.
Und wenn man die eigene Stimme hebt
und Regenbogenlicht durch bunte Fenster dringt,
dann muss man gar nicht glauben an das,
was am Altar geschieht …

Berauscht ist man, wenn man in eine alte Kirche tritt.
Wo Flügelaltäre großer Meister einsam stehen,
und wenn auch keiner außer dir die Schönheit sieht,
spürst du und weißt nicht wie, hier bist du nicht allein.
Was da noch ist, das kannst du nicht ergründen,
wolltest du's, wär's ein Sakrileg.

Betrifft das Wort allein aber nicht Heiliges?
Und was ist heilig oder Heiliges? Nichts ist heilig.
Es sei denn, du, nur du, machst es dazu!
Vor langer, langer Zeit durfte man ES nicht nennen,
kein Bild sich davon machen, noch ES beschreiben.
Da waren Zeiten, in denen es noch Ehrfurcht gab.
Heute ist alles schon erlaubt und nichts ist heilig.
Wenn ES das gibt, kann ES dazu nur lächeln.

Der Übermut, der Hochmut, all das bringt kein Glück,
sondern nur Überdruss und den Verlust an Lebenslust.
Etwas beginnt den Menschen dann zu fehlen,
doch wissen sie nicht, was es ist und lässt sie suchen,
ewig suchen nach einem Sinn, den alles einstmals hatte.
Dass sie den Schlüssel zu dem Rätsel
in sich selber tragen,
ist ihnen nicht bewusst, den Armen.

Ich spiele Gott

Unter mir der Wattehimmel, während ich fliege,
fliege, fliege, gewichtslos, furchtlos,
unsterblich, der Erde entkommen.
Unter mir liegt mein Leben und das meiner Lieben.
Und ich fliege, fliege.
Gelbe und braune Flecken unter mir, Schachbrettfelder.
Und dazwischen Baumreihen und Flüsse.
Flüsse, die nach nirgendwo fließen
und von nirgendwo kommen.
Ich wollte, ich könnte immer hier oben bleiben
und weiter fliegen hinter die Sonnen, Monde,
bis in alle Ewigkeit.

Zwischen den Wolken lugt nun hier und dort
das silberne Auge eines Sees hervor,
doch plötzlich erlischt das Auge, wird stumpf.
Eine Wolke hat ihm das Licht geraubt.
Immer wieder hüllt sich alles in Wolken ein
und es gibt kein oben oder unten.
Ich komme mir schwerelos vor, ohne es zu sein,
die Zeit hat aufgehört, mit mir zu spielen …

Und Regenbogen ohne Regen in schwarzen Wolken,
und ich segle dahin, ohne Wind, ohne Segel.
So muss sich Gott fühlen: eins mit der ganzen Natur.
Ich spüre Allmächtigkeit in den Adern,
weiß aber, dass das von kurzer Dauer ist.
Unter mir liegt unsere kleine Welt mit ihren Sorgen!
Was für ein sinnloses Hasten und Streben,
was für ein sinnloses Hassen und Geizen!

So klein ist alles da unten
und das, was wir unseren Besitz nennen: die Häuser,
die Schulen, die Städte, alles klein und unscheinbar,
alles nur geborgt für kurze Zeit …
Bin ich Dir jetzt näher als zuvor?

Das bringt Dich zum Lachen, nicht wahr?
Du hast kein Zuhause, Du bist überall
und Dich kann man auch nicht suchen.
Jetzt gerade bist Du in mir, das spüre ich,
aber nicht, weil ich in diesem Flugzeug sitze,
sondern weil ich Du geworden bin –
im Geiste sozusagen.
Ich besitze jetzt besondere Kräfte und glaube,
ich könnte das, was da unter mir sich Leben nennt,
verändern, weil ich Du bin.
Aber dazu fehlt mir das Selbstvertrauen,
das Du gehabt haben musst, hast Du doch,
ohne die grimmigen Konsequenzen zu bedenken,
unsere Welt geschaffen.

Verzeihe mir, wenn es Dich gibt
und wenn ein Gott verzeihen kann,
meine Arroganz, aber ich weiß,
in Kürze wird mein Flugzeug landen,
und dann ist der ganze Spuk vorbei
und ich bin wieder ich,
mit allem Drum und Dran, und sterblich,
wie alles um mich herum.

Ist Gott in dir?

Ist Gott in dir? In mir?
In unseren Katzen oder Hunden?
In den Olivenbäumen, in den Veilchen,
oder in den Fröschen im kleinen Teich?
Oder ist er nicht und nirgends,
nur in den Köpfen derer, die an ihn glauben,
oder ihn suchen?
Lassen wir ihn sein, was, wo und wie er ist.
Geben wir ihm auch keinen Namen.
Zieht dann der Friede endlich ein in unsere Welt?

Gebet

Oh Herr, ich sehe
die Blindheit in Deinen Augen.
Oh Herr, ich kenne
die Taubheit Deiner Ohren.
Oh Herr, ich höre
die Stummheit Deiner Stimme.
Und in diese Leere rufe ich
mit zweifelndem Glauben.
Aber die einzige Antwort ist
das Echo meiner Stimme.

Kathedrale

Umgeben von Gold und Silber,
von hohen Kerzenleuchtern,
die in den gotischen Himmel streben.
Der Glanz von kürzlich restaurierten Heiligen,
deren Augen nicht mehr leuchten.
Ein paar Gläubige hier und dort
und viele Betstühle stehen leer.
Nur die Touristen gehen aus und ein,
starren und sprechen leise
in diesem Raum der Träume.
Wo sind die Priester? Wo die Sünder?

Die große Orgel schweigt.
Ihr Anblick aber bringt Erinnerungen
an alte Kirchenlieder
und fröhliche Gesichter vieler Kinder,
die engelsgleich in weißen Kutten
frischen Wind in diese heilige Halle brachten.
Doch die Musik lebt weiter
in den marmornen Säulen
und in den Regenbogenfarben deiner Fenster.

Gott, was waren Deine Kathedralen einst?
Hast Du sie vergessen?
Und die Baumeister, die Steinmetze,
die Maler und die Bildhauer,
die Dir ein Leben widmeten
und die in Deinem Namen
für einen Schundlohn arbeiteten.

Jedes Türmchen, jede Steinverzierung
ist ein Kunstwerk,
ist einer Kunst gewidmet, die es nicht mehr gibt.
Und wir schauen und staunen,
und fühlen uns sehr klein.
Einst waren Deine Gotteshäuser voll
von Menschen, die hier knieten
und mit hoffnungsvollen Augen
Dich baten, ihre frommen Wünsche zu erfüllen.
Um Erlösung baten sie von ihren Übeln,
und Trost suchten sie für ihre wunden Seelen.

Wo sind sie alle jetzt?
Was ist aus Dir geworden, fragen wir,
aber mit größerer Angst fragen wir:
Was ist aus uns geworden?

Buddha in Stein

Auf diese Reise sollst du nicht allein gehen,
sagte mein Freund, denn du hast Angst,
deine Welt zu verlassen, eine Welt ganz
ohne Fragezeichen.
Komm also in die Welt des Morgen,
oder des Gestern, wenn du willst,
und suchen wir die Weisen.

Er sitzt in einem Saal mit vielen seinesgleichen,
achthundert Buddhas sind es.
Nur den einen sehe ich jedoch.
Er ist der Größte unter ihnen und seine Augen
sehen nach innen, nach verlorenen Horizonten.
Er spricht nicht und scheint zu träumen,
denn er bewegt die Lippen, obwohl sie steinern sind.
Die eine Hand streckt er nach mir, als wär's ein Gruß.
Ich aber sitze vor ihm, ganz still,
sehe ihn nur an und sehe
die Ewigkeit in seinen Augen
gewebt in seinem Blick.
Niemals zuvor habe ich solche Gelassenheit
gepaart mit Heiterkeit verspürt,
die mir entgegenweht.

Und dann die Stimme, die nicht von ihm
zu kommen scheint
und nur für mich bestimmt ist.
Die Stimme, die alle Höhen und Tiefen
in sich vereint:
Bleib nur dir treu, suche nicht anderen zu gleichen,

vergiss nie, dass du unendlich bist,
unendlich, weil du endlich bist.
Vor allem aber bedenke eines:
Die Welt, in der du lebst,
ist nicht nur, was du siehst
und was du hörst und spürst!
Sie ist so vielfältig, dass wenige wissen,
wo sie beginnt und wo sie endet.
Wir, die wir hier stehen seit so langer Zeit,
haben eine schützende Hand über allem,
was geschieht,
auch wenn es keiner weiß und niemals wissen wird.
Jetzt weißt du es jedoch
und sei nicht weiter zaghaft,
denke weiter, über deinen Horizont hinaus
ins Jenseits,
wo wir zu Hause sind.
Solange du dir treu bleibst und dich nicht verlierst
an die banalen Dinge, die dich verlocken
und verleiten!
Wenn du in Nöten bist, dann komme wieder,
denn wir helfen dir,
dich immer wieder selbst zu finden,
denn du bist einzig und bedenke,
dass kein anderes Wesen dir gleicht in deiner Welt.
Tu Dinge nur, auf die du stolz sein kannst,
lass alles andere beiseite.
Es lenkt dich ab von dem,
was du sein kannst und sollst.

Der Freund zieht mich am Arm.
Er weiß, wann mich die andere Welt verlangt
und ich zurück muss.
Die lange Reihe der achthundert Buddhas
aus Stein scheint mir leblos jetzt,
auch der mir gegenüber.
Langsam stehe ich auf,
als würde eine schnelle Bewegung
den Zauber des Moments zerstören.
Ist das nun Wirklichkeit oder ein Traum
am Rande meines Ichs …

Der Sohn – ein Fragment

Sie sitzen beisammen und doch ist jeder allein. Allein mit seinen Gedanken und seinem Schmerz.

Die Welt hat plötzlich ihren Sinn verloren. Ein Leben voll bis zum Rand mit Arbeit und stillem Glück. Aber das war gestern. Gemeinsam waren sie sicher und unerschrocken gewesen. Jetzt genügte ein Wort, um sie erzittern zu lassen. Und so ein Wort, ob von einem Fremden oder einem Freund, konnte die Mauer erschüttern, die sie um ihren einsamen Schmerz gebaut hatten.

Gestern war eine Umarmung noch ein Liebesbeweis, heute war sie nicht mehr möglich. Gestern war es noch das geliebte Gesicht ihres Kindes, heute starrte sie ein Fremder an. Das Gesicht eines gefallenen Engels. Was wird morgen sein?

Miriam hat böse Träume. Sie drehen sich durch ihre Nächte, wie Nachtfalter sich im Licht drehen. Und er ist immer präsent. Manchmal als Kind von gestern, das sich scheinbar wider seinen Willen in ein Untier verwandelt, das sie in enge Gassen treibt, aus welchen es kein Entkommen gibt.

Bei Tag beginnt langsam sich eine Feindseligkeit einzuschleichen, wo gestern noch Liebe war. Und Misstrauen, wo vorher Vertrauen war.

Sein Lächeln ist nicht auszuloten. Er hat jetzt Freunde. Zum ersten Mal. Und diese Freunde sind ihnen fremd. Sie stürmen ins Haus, sie grüßen kaum, folgen ihm mit irren Blicken. Sie kümmern sich nicht um sie oder die anderen Kinder. Miriam versteht das alles nicht. Was kann das Kind diesen Menschen geben? Das waren keine Spielkameraden! Einige waren schon erwachsen! Er ist unter ihnen wie ihresgleichen! Oft sitzen sie im Kreis um ihn herum unter dem großen Ölbaum im Hof, doch wenn Miriam und Josef dazukommen, verstummt das Gespräch, als wäre es etwas Verbotenes. Jetzt findet es statt hinter dem Haus, wo sie weder gehört noch gesehen werden. Er bittet nicht mehr um Erlaubnis, Dinge zu tun oder nicht zu tun. Er kommt und geht, wann es ihm gefällt. Zur Rede gestellt, sagt er schroff: „Ich habe Wichtiges zu tun, bitte seid nicht böse!" Was kann ein Zwölfjähriger Wichtigeres zu tun haben als dem Vater und der Mutter zu folgen, zu lernen und zu arbeiten?

Anfangs war Josef zornig. Ein wilder Zorn aus Enttäuschung und verletztem Stolz. Es gab böse Worte auch zwischen Miriam und Josef. Miriam stand oft verweint und stumm in der Küche.

Die Tage wurden lang, voll Ärger und Verzweiflung. Und in den Nächten lagen Josef und Miriam wie zwei Fremde in einem Bett. Irgendwo hatte der Sohn das Band zerrissen, das sie und Josef zusammenhielt. Jeder war in seinem Schmerz gefangen.

Wann hatte all das begonnen? Und wie? Wann hatte er begonnen, sich von den Brüdern abzusondern und schweigsam zu werden? Die Fragen fanden keine Antwort.

Und dann kam der Tag, an dem er verschwand. Mitten am helllichten Tag, vor den Augen aller. Er hatte sie um ein neues Kleid gebeten und sie war glücklich gewesen. Sonst bat er nie um etwas. Auf dem Weg zur

Synagoge war er in der Menge untergetaucht und so sehr sie sich auch bemühten, konnten sie ihn nicht finden.

Und dann das Entsetzen, als sie ihn sitzen sahen unter den Rabbinern und Gelehrten! Was für eine Überheblichkeit! Er hatte sie gesehen, aber doch nicht gesehen; er hatte sie gesehen, aber ohne von ihnen Kenntnis zu nehmen. Und er sprach mit einer Stimme, die sie nicht kannten, und mit Gesten, die ihnen fremd waren. Aber das Schlimmste war, dass sie seine Worte nicht verstehen konnten. Diese Sprache! Hatte er sie immer hintergangen? Hatte er für sie immer die Kindersprache gesprochen, weil sie für SIE verständlich war? War das jetzt, hier im Tempel, seine eigentliche Sprache, zu der sie keinen Zugang hatten?

Miriam graute es vor ihrem Sohn. Die Brüder aber wurden feindselig ihm gegenüber. Nur die kleine Rachel hing noch an ihm, ihrem meistgeliebten Bruder.

Josefs Gesicht war rot vor Zorn und Scham. Statt stolz zu sein auf diesen Sohn, fühlte er sich verraten. Verraten und erniedrigt. Er war ein kleiner Mann.

Josef dachte an seine eigenen Kinderjahre. An die schwere Arbeit, den Schweiß und die Tränen, an die harte Hand seines Vaters und seine Angst vor ihm und seiner Ungerechtigkeit.

Josef hatte gerecht sein wollen. Und er hatte sich ernsthaft bemüht, diesem Sohn ein besserer und gerechterer Vater zu sein, als seiner es war. Doch es hatte alles nichts genützt. Aus ihm würde nie ein guter Handwerker werden.

Aber jetzt? Jetzt war dieser Sohn, der den Kinderschuhen kaum entwachsen war, plötzlich ein ganz anderer! Einer, der seine Familie verleugnete, der mit Priestern sprach, als wäre er ihresgleichen!

Der Hohepriester, kaum zu Hause angekommen, war verärgert. „Hannah", sagte er zu seiner Frau, „heute kommt jemand zu uns zum Essen. Es ist Rabbi Jonathan, den du ja kennst. Wir haben Wichtiges zu besprechen und es wäre gut, wenn du bei Tisch nicht dabei wärest." Hannah war das gewohnt. Oft brachte ihr Mann einen Gast nach Hause und die Gespräche dauerten oft bis spät in die Nacht.

An diesem Abend gab es ein sehr angeregtes Gespräch zwischen den beiden Rabbinern.

„Wie kann ein Kind in diesem Alter, ohne Bildung, ungehobelt, ja sogar ungewaschen, in die Synagoge kommen und mitreden, ohne gefragt zu sein? Der Junge sieht aus wie ein Landstreicher, ein Tunichtgut. Außerdem ist er arrogant, aggressiv und nimmt sich sehr wichtig! Und ich, der Hohepriester, war so fasziniert von dieser scharfen Zunge, dass ich stumm blieb! Jetzt weiß ich nicht, ob das nicht alles Einbildung war. Ist es wirklich geschehen? Und was hat er eigentlich gesagt?"

Sein Freund, der den Hohepriester besorgt angesehen hatte, sagte darauf mit einer Stimme, die so dünn war, dass man sie kaum hörte: „Er sagte, der Tempel wäre eine Räuberhöhle! Hast du je so etwas gehört? Was wirst du jetzt machen? Man kann das doch nicht tolerieren!"

„Hat er das wirklich gesagt? Siehst du, wie abwesend ich war? Ich habe das nicht einmal gehört! Ich habe ihn nur angestarrt, als wäre er ein böser Geist!"

Nach einer Pause sagte der Hohepriester dann: „Am besten, wir vergessen das Ganze! Wie willst du denn ein Kind bestrafen? Was sagst du?"

Der Rabbi, dem das alles sehr peinlich war, antwortete nur: „Du hast sicher recht. Vergessen wir es. Wahrscheinlich wird es nie wieder vorkommen."

„Hoffen wir es", sagte der Hohepriester sichtlich erleichtert nach dieser Aussprache, und dann widmeten sie sich beide dem Abendessen, das Hannah gerichtet hatte.

Als der Sohn eines Abends nicht nach Hause kam, war Miriam verzweifelt. Wo konnte er sein? Jeder Schritt in der Straße ließ sie aufhorchen, nur um dann wieder enttäuscht auf das Kissen zurückzusinken. Josef wollte sie umarmen, sie von der Angst befreien, aber sie hatte ihn abgewehrt, als fürchtete sie sich vor seiner Liebe. Viele solcher Nächte folgten und Josef konnte seiner Frau die immer größer werdende Angst nicht nehmen.

Einmal pochte sein Herz so stark, dass er fürchtete, Miriam könnte es hören und seine Brust schien ihm wie ein Panzer. Miriam hatte seine Unruhe gespürt und suchte seine Hand, aber was sie nicht wusste, war, dass er vor Zorn zitterte.

Ja, vor Zorn, und so etwas wie Hass kam auf. Was hatte sein Sohn aus Miriam gemacht? Eine von Angst besessene Frau, die doch ihm ihre ganze Liebe, seit er geboren war, gegeben hatte, die ihm ihr ganzes Vertrauen geschenkt hatte, das er nun so schändlich missbrauchte.

Miriam aber, in diesen schlaflosen Nächten, dachte nur nach, wo ihr Fehler gelegen war, wo sie versäumt hatte, ihm zu helfen, wenn er Hilfe brauchte. So sehr sie sich aber bemühte, konnte sie den Fehler nicht entdecken. Er hatte wenige Freunde gehabt und hatte immer bei Miriam Zuflucht vor den wilden Spielen der

Brüder und Nachbarkinder gesucht. Wenn der Vater Kunden hatte, war er oft zu ihr in die Küche gekommen, war scheu mit Fremden. Wo hatte er diese Worte gelernt, die er in der Synagoge gebrauchte? Wo schlief er nun? Schlief er auf der Straße oder unter Bäumen? Oder in Häusern von zweifelhaftem Ruf? Dazu war er doch, gottlob, zu jung!

Das Schreckliche aber war der Verlust der kindlichen Unschuld, die sie in seinen Augen gesehen hatte, und dieser gehetzte Blick, den sie nicht enträtseln konnte.

Miriam hatte die Geräusche der Nacht immer geliebt. Das sanfte Ruru der Eule, den schrillen Schrei des Käuzchens, und hie und da das Bellen eines Hundes.

Jetzt hasste sie all das, denn es übertünchte die Schritte, auf die sie so sehnsüchtig wartete. Und dann der kalte Morgen nach einer wieder durchwachten Nacht. Und jeder Tag wurde trostloser.

Und eines Tages dann ein Klopfen an der Tür, fremde Stimmen, Wächter, die nach ihm fragten. Nicht zu Hause? Seit wann? Wieso wussten sie nicht, wo er war? Sie waren doch seine Eltern! Ja, es ist wichtig.

Und Josef, die Fingernägel, die sich in seine Hand bohrten, und die roten Flecken auf seinem Gesicht, die Scham und die Schande.

Sein Sohn und der von Miriam. Warum das alles? Was hatte sein Sohn getan?

Sie taten nur ihre Pflicht. Zuletzt gesehen mit einem gewissen Johannes und einem Brüderpaar.

Blieb er oft weg über mehrere Tage?

Kein Grund zur Sorge (die arme Frau!), nur eine Warnung, zu seinem Schutz!

Ein gutes Wort. Dann sind sie weg, aber neugierige Gesichter der Nachbarn folgen ihnen.

51

Zwei Paar Augen, blass durch die Angst, blicken einander an. Wie konnte ihnen das geschehen? Warum war er nicht wie sein Bruder Reuben? Oder Mordechai?

Woher kamen diese Geheimnistuerei und diese Falschheit?

„Ihr würdet die Wahrheit nicht verstehen", hatte er frech gesagt. Welche Wahrheit?

Dass er nicht arbeiten wollte, dass ihm die Tischlerei nicht lag? Dass er mit wenig vertrauenswürdigen Freunden sich umgab? Dass er sich um ihre Sorge nicht kümmerte? Dass er nur an sich selbst und seine Kumpane dachte? Die Lügen, wenn sie Fragen stellten.

„Angst macht Menschen zu Feiglingen", sagte er, „und hindert sie, logisch zu denken! Sie ändert nichts und bringt das Unglück nur näher." Welches Unglück?

Dann plötzlich geht die Türe auf. Die Augen stechend, die Haare wirr und ohne Glanz, das weiße Gewand von Schmutz befleckt, die Füße blutend in Sandalen und dunkle Ringe unter den Augen. Zitternd und schwankend, wie ein Trunkener und ohne Gruß steigt er die steile Stiege zu seiner Kammer hinauf. Den Brüdern schaudert es bei seinem Anblick.

„Das ist unser Sohn", sagt Josef. Und sonst nichts.

„Mein Gott, er lebt", stöhnt Miriam, doch Josef steckt die Hände in seine Ärmel, um seine geballten Fäuste nicht zu zeigen. Miriams Angst und Scham ist heftig, wie sein Zorn. Tränen der Wut machen ihn blind, und blind stürzt er sich in die Arbeit.

Böse Worte begleiten das Hämmern und das Sägen. Und Miriam hört all das. Wieder wird es ein wortloses Mahl geben und das Gefühl der Kälte mitten am heißen Tag. Und ihr Brot wird wieder nach Salz schmecken.

Und die Kinder werden stumm und verschreckt dabeisitzen.

Allein dann in der Küche betet sie: „Ich kann es nicht ertragen, ich wollte, ich wäre tot. Wo bist Du, Gott? Schau herunter und sag mir, was zu tun ist. Ich verliere jeden Halt! Jetzt verliere ich auch Dich, wie ich meinen Sohn verliere! Hilf mir!

Haben wir ihn nicht erzogen, Dich zu ehren, wie auch Vater und Mutter? Haben wir ihn nicht gelehrt, Gut von Böse zu unterscheiden und alle Deine Gebote zu befolgen? Wo sind alle die zärtlichen Worte hin, die ich ihm vor dem Schlaf ins Ohr geflüstert habe? Sie sind verloren, wie Zeichen, die man in den Sand schreibt."

Nachher ist er dann in einen totenähnlichen Schlaf gefallen, erschöpft von Freuden oder Leiden, die sie nicht erahnen kann. Sie hört sein schweres Atmen und sinkt todmüde auf ihr Lager in einen tiefen Schlaf.

Josef betrachtet sie voller Liebe.

Er hatte das Kind nicht haben wollen. Er wollte Miriam und nicht ihr Kind. Nie hätte er jedoch auch nur ein Wort darüber verloren, denn sie war alles, was sich ein Mann erwarten konnte. So sanft und verständnisvoll und über alle Maßen schön.

Und ihre Gottesfürchtigkeit war eins mit ihrer Liebe zu ihm. Und dann kam das Kind. Dieses fremde Kind – nicht sein Kind –, obwohl er an ihre Unschuld glaubte. Sie sagte es und er glaubte ihr.

Das Leben ging weiter und er lernte das Kind zu lieben. Es war sanft wie die Mutter und anfangs folgsam, wenn auch nicht gelehrig in der Tischlerei. Man muss Geduld haben, dachte Josef. Aber heute? Er kommt und geht, wie es ihm gefällt, und wenn er fragt: „Wohin? Warum?", sieht er ihn mit vorwurfsvollen Augen an, als wären die Fragen längst beantwortet. Die Brüder begannen zu murren und sich zu fragen, warum gerade über ihn so viel Aufsehens war. Sie hatten immer ihre Pflicht getan, gute Arbeit geleistet, hatten Josef nie Grund zur Klage gegeben. Jetzt schien er sich um sie kaum zu kümmern, war mürrisch und schweigsam.

Zuerst war Josef nur zornig, zornig aus Enttäuschung und verwundetem Stolz. Aber er schlug ihn nie. Es gab immer wieder hitzige Worte, doch sie richteten sich meist gegen Miriam und nicht gegen den Sohn. Sie aber stand oft in der Küche, verweint und stumm.

Die Tage gingen dahin und es wurde immer schlimmer. Miriam hatte das Band gelöst, das sie an Josef gebunden hatte. Und Josef sonderte sich ab und wurde mürrisch und verdrossen.

Der Sohn war scheinbar ganz plötzlich von einem glücklichen Kind zu einem fremden jungen Mann geworden und Josef dachte an seine eigene Kindheit zurück. Die harte Arbeit und die noch härtere Hand seines Vaters, seine Angst vor ihm und seiner Ungerechtigkeit. Deshalb wollte Josef es besser machen mit seinem Sohn. Er würde immer gerecht sein und nie wollte er ihn züchtigen. Vielleicht sanfte, zurechtweisende Worte, wenn es nötig war, würden ihn zur Arbeit anspornen. Vor allem aber wollte er ihn für gut getane Arbeit loben! Jetzt aber war es nur Miriam, die ihn abhielt, seinen Sohn zu schlagen.

Ach, Miriam, voller Liebe, unfähig, Zorn zu empfinden, immer bedacht, keinen Streit zwischen Vater und Sohn aufkommen zu lassen! Und die ständige Angst in den Augen, die er ihr nicht nehmen konnte. Er hatte sich damit abfinden müssen, dass sein Sohn keine Hand für das Handwerk hatte und oft in die Ferne starrte, als hätte er keine Arbeit.

Manchmal, in der Nacht, als sie beide wach lagen, hatte Josef ihre Hand gesucht. Sie aber hatte ihn abgewiesen, hatte sie ihm entzogen.

Der Sohn stand, ohne es zu wissen, zwischen ihnen.

In einer dieser langen Nächte aber spürte Josef einen plötzlichen Schmerz, der ihm den Atem nahm. Die Brust schien ihm mit einem Mal zu eng und hielt ihn unbeweglich wie ein Panzer fest. Er glaubte schon zerspringen zu müssen, als wie ein Wunder Miriams Hand plötzlich die seine fand. Sie hatte seinen Schmerz gespürt. Langsam verging dieser und er begann ruhiger zu atmen. Miriam hatte Angst, aber als Josef, zum ersten Mal seit vielen Tagen und Wochen, sie zu sich zog, weigerte sie sich nicht.

In den folgenden Nächten kam der Schmerz immer wieder, wenn auch nicht so vehement. Josef betrachtete sie voller Liebe. Seine Tage verrannen ins Gestern immer schneller und bald würde sie allein sein. Wie wird Miriam es ertragen? Vielleicht besser als nun, denn jede schlaflose Stunde in jeder Nacht mit ihm zur Seite war doppelt so lang für sie, denn auch ihre Ängste waren doppelt so schwer.

Mordechai und Reuben waren jetzt schon gute Arbeiter. Sie würden Miriam betreuen und ernähren können. Daran hatte er keine Zweifel. In diesen Tagen dachte er viel an seinen Sohn. Mit den unheilvollen Schmerzen war auch sein Zorn verflogen. Trotzdem war da ein Schmerz, der aus der Seele kam, nicht aus dem Körper: Da war der Glaube an die Väter und Groß- und Urgroßväter und an seine Pflicht den Ahnen gegenüber, den Samen, den sie gesät hatten, weiter zu pflegen, auf dass kein Makel und keine Schande ihr Andenken beflecken würde. Bei der Beschneidung eines Sohnes brachte man dieses Opfer auf dem Altar der Ahnen dar, wie es einst Abraham getan hatte. Und jeder Sohn war auch ein Kind Moses und ein Kind Adams. Doch Josef hatte dieses Gefühl nicht gehabt, als sein Sohn geboren wurde. Er hätte Freude und Stolz fühlen müssen. Stattdessen war er nur um Miriam besorgt, dass sie wieder ganz gesund würde nach der Geburt. Und der kleine Sohn? Der sah ihn an, bevor sie ihn beschnitten, mit den Augen eines Erwachsenen und voller Vorwurf, und seine kleine Hand umklammerte die seine in einem festen Griff.

Miriam aber war verwandelt, strahlend, nicht einmal müde nach der langen Reise, und kaum erholt nach ihrer Niederkunft. Die bittere Kälte tat ihr nichts an, denn sie hielt ihren Sohn in ihren Armen und hielt ihn zu ihm hin, als wollte sie sagen: Er ist dein Sohn, liebe ihn, wie du mich liebst.

Später war er ein guter Vater dem kleinen Sohn und liebte ihn, wie es andere Väter taten. Bald träumte er auch, dass dieser Sohn sein Werk fortführen würde mit Stolz und Gottesfürchtigkeit. Wo war das alles nun? War dieser Sohn für etwas Besseres geboren, als nur ein Tischler zu sein? Und wenn, wofür? Josef hörte Miriam singen in der Küche. Sie zwang sich zur Fröhlichkeit um seinetwillen.

Wie hatte er so blind sein können, zu glauben, dass dieser Sohn einmal seine Werkstatt übernehmen würde, denn das stand ihm zu als Erstgeborener.

Statt zu arbeiten, saß Josef an seiner Werkbank und sah hinaus auf die Straße und sah die Leute fröhlich lachend vorübergehen. Und er dachte: Oh Herr, sieh, ich kann nicht mehr lachen und ich bin müde, todmüde! Mir fehlen die Worte für ein Gebet. Ich habe keine Freude mehr am Leben, das Du mir gegeben hast.

Die vielen Jahre, die ich wie ein Sklave gearbeitet habe, um unsere Familie zu erhalten, um mir einen Namen zu machen, um auf meine Arbeit stolz sein zu können! Sogar der Hohepriester kam in meine bescheidene Werkstatt. Ich hätte Tag und Nacht arbeiten können, um alle Wünsche zu erfüllen! Aber jetzt scheint das alles sinnlos, wie auch mein ganzes Leben. Hast Du, Herr, den Menschen nicht Söhne gegeben, damit sie den Eltern gehorchen und sie lieben und ehren, und durch sie auch Dich? Sind sie nicht unsere Zukunft? Tragen sie nicht die Spuren der Ahnen und Urahnen in sich, in deren Schoß auch wir geborgen sind? Ihre Hoffnungen, ihre Liebe und ihre Werke leben in uns weiter und in unseren Kindern. Wenn ich nicht daran glauben würde, dann wären wir verloren und unsere Schritte wären wie Spuren im Sand, weggeblasen vom kleinsten Lüftchen. Herr, erbarme Dich meiner und unserer Trauer! Ich betrauere den Verlust eines Sohnes, eines Sohnes, dessen Liebe und Tugend uns so viele Jahre erfreut haben! Was ist aus ihm geworden? Wohin treibt es ihn, wenn er uns verlässt? Ist er besessen? In die Hände böser Menschen gefallen, die ihn missbrauchen? Nun ist er schon die zweite Nacht nicht bei uns und Miriam schläft nicht mehr, ist verdrossen und ich scheine ihre Liebe zu verlieren. Gib mir Mut, oh Herr, damit ich nicht verzweifle!

In der Früh sitzt Miriam an Josefs Bett. Miriam, blass und verweint. Es war nicht nötig, sie zu fragen, ob er zurückgekehrt war. „Nein, Josef", sagte sie mit einer kaum hörbaren Stimme, „aber ich habe beim Wasserholen viele gefragt, ob sie ihn vielleicht gesehen haben. Doch ich schäme mich nun, weiter zu fragen. Wenn eine Mutter nicht weiß, wo ihr eigener Sohn ist, was ist das für eine Familie? Das war in deren Augen zu lesen, und auch eine gewisse Schadenfreude an unserem Elend."

„Ich fühle mich schwach, Miriam. Der Herr wird mich erlösen. Und wenn er kommt, wird es zu spät sein."

„Josef, Josef, versündige dich nicht! Der Herr wird uns nicht im Stich lassen. Wir haben ihm immer vertraut, bitte sprich nicht so! Noch etwas Geduld musst du haben."

„Ich habe immer Geduld gehabt, vor allem um deinetwillen! Aber meine Geduld wurde dann zu Zorn und dann zur Hoffnungslosigkeit. Tief in mir spüre ich, dass ich ihn nicht mehr sehen werde. Es ist ihm sicher etwas zugestoßen und wir wissen es noch nicht! Doch heute fühle ich mich etwas besser. Sicher stehe ich später auf und gehe wieder an meine Arbeit. Vielleicht ist nicht alles so hoffnungslos, wie ich gedacht habe. Du, Miriam, aber darfst die Hoffnung nicht aufgeben. Wir haben ja die Werkstatt und Ruben und Mordechai sind schon tüchtige Arbeiter. Sie werden für dich sorgen!"

„Josef, so darfst du nicht reden! Du wirst wieder gesund werden und wir werden wieder eine glückliche Familie sein."

„Nein, nein, meine Zeit ist zu Ende. Das Leben war zu hart und du musst es weiterführen. Nimm dir einen tüchtigen Arbeiter, der mich ersetzen kann, bis unsere Söhne das Geschäft allein führen können. Einen verlässlichen, starken Mann, dem du vertrauen kannst! Versprichst du mir das?"

Miriam kann das Weinen nicht unterdrücken. Ein Leben ohne Josef schien ihr unerträglich.

„Mir bricht das Herz, dich allein zu lassen", sagte Josef, dessen Kräfte zu Ende gingen, „umarme mich noch einmal." Danach fielen ihm die Augen zu.

Miriam hielt Josefs Hand, bis sie kalt wurde, und rührte sich nicht, so als wollte sie seinen Schlaf nicht stören. Dann kamen die Kinder: Mordechai, Ruben und die kleine Rachel. Sie alle erstarrten, als sie ihren toten Vater sahen, aber dann liefen sie auf Miriam zu und umarmten und küssten sie und wollten nicht aufhören, bis Mordechai zum Vater trat und ihm die Augen schloss, die starr auf die Decke zu blicken schienen. Ruben sagte leise: „Jetzt werden wir uns um dich kümmern und dir helfen, wie es Vater getan hat." Es war ein großer Trost, aber Miriam dachte an ihr anderes Kind, das vielleicht auch nicht mehr am Leben war, und sie schluchzte von Neuem. Rachel, die gerade zehn Jahre alt war, sagte stolz: „Und ich habe schon den Tisch gedeckt, damit du nicht so viel Arbeit hast!" Miriam musste lächeln und sie schlang die Arme um die Kleine und dachte: Warum habe ich mich immer so um den einen Sohn gekümmert, wo ich doch andere Kinder hatte, die auch meine Liebe brauchten? Und trotzdem war gerade er es, der ihr ganzes Leben beherrschte und den die anderen Kinder schon mit Missgunst ansahen.

Beim Brunnen standen wie immer die Frauen und unterhielten sich. Hier war Miriam in letzter Zeit immer erst am Abend erschienen, denn sie wusste, dass sie schon seit Längerem Mittelpunkt der Neugier war und wollte nicht selbst durch ihre Anwesenheit noch mehr zu dem Gerede über sie beitragen.

„Also Miriam wird immer seltsamer", sagte eine der Frauen. „Seit Josef gestorben ist, sieht man sie ja kaum mehr! Nun hat sie diesen jungen Jochanaan als ‚Stütze', wie sie sagt. Der führt jetzt die Tischlerei. Ein hübscher Bursche ist das, meint ihr nicht auch?"

„Na und ob", sagte eine andere, „den hätte ich auch gerne im Laden als Stütze!"

Darauf lachten alle, dass man es weitum hörte. „Er ist hübsch, aber ein verschlossener Geselle. Der redet mit niemandem. Er grüßt zwar höflich, aber weiter nichts. Aber auch Miriam spricht mit niemandem und wenn man sie einmal sieht und nach ihrem ältesten Sohn fragt, sagt sie nur, als wäre das eine peinliche Frage: ‚Der ist weit weg, aber er kommt bald nach Hause.' Das sagte sie jetzt schon so oft und so lange, dass es wie etwas Eingelerntes ist."

„Ich glaube, dass sie gar nicht weiß, wo er ist!"

„Ich habe das Gefühl, dass dieser seltsame Sohn, der weiß Gott wo ist, einmal Unglück über ihr Haus bringen wird. Ich habe so viel Verschiedenes über ihn gehört, und als man ihn noch auf der Straße traf, da konnte er einen ansehen, so als wäre man jemand Wildfremder, den er noch nie vorher zu Gesicht bekommen hatte, wo wir doch als Kinder oft zusammen gespielt hatten! Und einmal, das war wirklich arg, da grüßte ich ihn, um ihn herauszufordern, und er drehte sich weg und sagte: ‚Wer bist du? Warum grüßt du mich also, da ich dich doch nicht kenne!' Mich nicht kennen! Ich habe es Miriam erzählt. Sie aber sagte nur: ‚Verzeih, er ist manchmal so abwesend und erkennt niemanden!' Dabei habe ich ihm nie etwas angetan!"

Ihre Freundin aber sagte: „Mach dir nichts daraus! Er ist ein seltsamer Mensch, aber ich habe gesehen, wie er meinen Vater, den Rabbiner, den er doch gar nicht gut kennt, sehr untertänig gegrüßt hat. Wer soll sich darauf einen Reim machen? Ich glaube, er ist verrückt, das ist alles, und mir tut Miriam leid, die es sehr schwer haben muss! Aber genug davon, denn da kommt sie gerade mit Anna!"

Miriam und Anna, zwei Frauen mit dem gleichen Geschick. Die eine, Anna, deren Söhne so wie Miriams Sohn eines Tages nicht mehr nach Hause kamen und sich immer, wie es ihr Vater nannte, herumtrieben, die andere, Miriam, deren Sohn sich die beiden angeschlossen hatten und immer in seiner Gesellschaft gesehen wurden.

"Anna, bitte sprich wieder mit mir! Ich kann es nicht ertragen, dass du mich wie eine Fremde behandelst!"

Aber Anna dreht sich nur weg, damit Miriam ihre Tränen nicht sieht, die sie nicht aufhalten kann.

"Hör zu, Anna, ich bin genauso traurig und verzweifelt wie du! Es scheint mir schrecklich, dass gerade mein Sohn so viel Streit und Unglück in dein Haus gebracht hat. Aber glaube mir, es ist nur jugendlicher Übermut, der sie aus dem Hause treibt! Es wird sich geben. Josef hat auch immer sehr gelitten und ich konnte ihm nicht helfen, aber ich glaube, dass all das sicher vorbeigeht. Es ist schwer zu verstehen, dass unsere Kinder in den frühen Jahren so respektvoll, so liebevoll und so gehorsam waren und sich all das über Nacht geändert haben soll! Wir beide haben unsere Kinder doch gleich erzogen und es gab nie einen Grund, ihnen zu misstrauen. Jetzt aber ist alles anders und obwohl das, was sie tun, uns unbegreiflich erscheint, ja oft gefährlich, so lieben wir sie doch – oder nicht?"

„Ach Miriam, bitte sei mir nicht böse, dass ich so abweisend war, aber dass gerade dein Sohn derjenige ist, dem meine Söhne folgen, als wäre er ein Rabbi, ein Heiliger oder wer weiß was noch! Ich konnte mir einfach nicht vorstellen, wie es möglich war, dass meine Söhne ihren Vater auf seinem Schiff allein ließen und einfach davonliefen. Lange Zeit hörten wir nichts von ihnen und wir dachten schon, sie wären tot. Dann eines Tages sahen wir sie mit deinem Sohn in einem Kreis von anderen jungen Leuten, und sie saßen und redeten, und am meisten redete dein Sohn. Und es schien uns, als wäre er ihr Lehrer, denn sie hörten ihm voller Bewunderung zu. Ich wollte schon auf sie zugehen, doch mein Mann hielt mich zurück. Und er hatte recht, denn einer unserer Söhne drehte sich zu uns, machte aber keinerlei Versuch, uns zu begrüßen oder ihre Abwesenheit zu erklären. Und das war das Letzte, das wir von ihnen sahen."

Wieder brach Anna in Tränen aus und Miriam, die selbst ein so schweres Los zu tragen hatte, umarmte sie und sagte, indem sie sich selbst Mut machte: „Anna, hab Geduld! Es wird alles gut werden."

Der gemeinsame Schmerz wurde langsam zum Trost für beide und sie hielten fest an der Hoffnung, die das Einzige war, das sie nun verband.

Atemlos stand Miriam an der Küchentüre. Was sie da hörte, erschütterte sie in einem Maße, das nicht zu beschreiben war.

„Vor uns liegt ein langer Weg von Predigten und Gesprächen mit vielen Menschen, auch mit den Ausgestoßenen und Verachteten, mit Männern und Frauen. Gott machte den Rabbiner nicht als Privilegierten, anderen Menschen Übergeordneten! Mit allen seinen Fehlern und Tugenden ist der Rabbi auch nur ein Mensch! Aber jene, in deren Geist Gott wohnt, müssen sein Wort verkünden. Das jedoch können wir nur tun, wenn wir uns selbst zu den Niedrigsten der Niedrigen machen, um anderen zu helfen. Wenn ein Leprakranker zu uns kommt und um Hilfe bittet, können wir nicht sagen: ‚Du bist unrein, mit dir wollen wir nichts zu tun haben', sondern wir mussen, auch wenn uns schaudert, unsere Hände auf seine Wunden legen und ihm Trost zusprechen! Und glaubt mir, Brüder, er wird nur durch die Hoffnung, die wir ihm geben, gesunden! Vor allem müssen wir für alle ein Vorbild sein.

Aber nicht nur das. Nun hört gut zu: Ihr müsst an mich und an euch selbst glauben und nur der Glaube wird euch helfen, den schweren Weg, der vor uns liegt, zu beschreiten. Nur wenn der Glaube an das Gute und Wahre in euch ist, werdet ihr auch bereit sein, euer Leben dafür einzusetzen, wenn es nötig sein wird."

Es trat eine erschrockene Stille ein, doch Miriams Sohn fuhr fort, als hätte er diese erwartet. „Ich sehe die Angst in euren Augen, wenn ihr dieses Wort hört, aber nur wenn ihr die volle Tragweite kennt, seid ihr gewappnet, den Weg, der vor uns liegt, mit mir weiterzugehen. Ich werde nicht böse sein, wenn dieser oder jener mich verlässt. Das ist nur zu erwarten, denn wenn auch der Geist willig ist, so ist das Fleisch doch schwach. Jetzt schon hassen und verleumden uns viele und bald wird man uns verfolgen. Lasst uns allen jenen, die uns hören, beweisen, dass ein Leben in den Geboten Gottes ein gutes und glückliches Leben ist!"

Einer der Freunde, der gespannt den Worten gefolgt war, sagte darauf:

„Aber Rabbi, willst du wirklich, dass sich alle gegen uns stellen? Schon murmeln sie, dass du den Sabbat nicht hältst und dich mit niedrigem Volk herumtreibst, und sie zeigen auf uns mit den Fingern! Wie sollen wir diesen Leuten entgegentreten?"

„Wie bist du kleinmütig, mein Freund! Du denkst nur an Gebräuche und Konventionen! Diese aber haben wenig mit Gott zu tun! Du denkst immer an Konsequenzen, aber diese sind ohne Konsequenz! Ich habe einen festen Glauben an das, was gut ist im Menschen, und davon wird mich keine Autorität, sei sie immer noch so anerkannt, abbringen! Wenn du Angst hast vor dem Nächsten, dann kannst du meinen Weg nicht gehen, Freund, aber es täte mir leid um dich, denn ich sehe in dir auch deine guten Seiten und die sagen mir, dass du Großes leisten kannst als mein Weggefährte."

„Aber Rabbi, ich gebe zu, dass ich auch an mich dachte, aber vor allem dachte ich auch an dich und dass der Weg, den du einschlägst, ein sehr gefährlicher ist. Sogar in der Synagoge spricht man schlecht von dir und bald wird dir dort niemand mehr folgen."

„Wo sonst als in der Synagoge sollte ich denn spre chen, wo Gott schon lange nicht mehr ist, sondern politische Intrige, kleinliche Eifersüchteleien und Geldangelegenheiten besprochen werden! Nenne das nun nicht Blasphemie, denn Blasphemie ist ein Wort, das die Rabbiner gerne in den Mund nehmen, wenn es um eigene Interessen geht!"

„Aber Rabbi, es sind doch nicht alle Synagogen schlecht! Da gibt es doch auch gute unter ihnen!"

Du hast recht, jedoch die Gerechten werden meist überstimmt, wenn es um wichtige Beschlüsse zum

Wohl der Armen geht. Aber ich gebe zu, dass es viele gute Leute gibt und gerade jenen müssen wir helfen, den richtigen Weg zu gehen. Gute Leute – ja, die gibt es, und sie respektieren das Gesetz. Aber was für ein Gesetz ist das? Es ist der Mensch, der das Gesetz gemacht hat, nicht Gott, und es ist der Mensch, der das Gesetz auslegt, und dazu gibt es viele Wege! Gerade und krumme! Hat uns nicht Gott in seinem eigenen Bild erschaffen? Wie kann er dann zusehen, wie die Armen und Kranken darben, wie sie um Hilfe zu ihm flehen und sie auf Erden keine Hilfe finden? Sind wir nicht gefordert, dieses Unrecht gutzumachen? Was ist das für ein Gesetz, das dieses Unrecht zulässt?

Und ich sage euch: Jeder reiche Mann, ob Priester oder Laie, der nicht hilft, wird das Paradies nicht erlangen."

„Rabbi, gib du uns die Kraft, deine Wege zu gehen und nicht zu zaudern, was immer auch geschieht. Ich sehe uns schon verfolgt, wenn wir das, was du sagst, den Menschen predigen, aber wir wollen es tun um deinetwillen!"

„Nein, nein, mein Freund, nicht um meinetwillen, sondern um den Willen Gottes! Aber sieh es dir an, dieses Volk! Unser Volk! Was hat es doch für eine schamvolle Existenz! Seht doch, wie die Hohepriester sich den Römern beugen, schaut euch die Tempel an, in denen die Geldwechsler ihr Handwerk treiben. Wo sind die Propheten und die Weisen, die unser Volk einst gelenkt haben? Ich aber sage euch, die Zeit ist gekommen. Zu keiner Zeit in unserer blutigen Geschichte war die Zeit so reif wie jetzt zur Erlösung von aller Schmach und Schuld."

Miriam, als sie die Worte hörte, sank in sich zusammen, wie eine Kerze, die der Sonne ausgesetzt ist. Lange lag sie dort, bis Ruben sie zusammengekauert fand und sie in die Küche geleitete. Der Zorn stand in Rubens Gesicht, als er die Mutter behutsam auf einen Stuhl setzte. „Warum lauschst du an der Türe?", fragte er sie verbittert. „Du weißt doch, dass er da drinnen gefährliche Reden hält, gegen die Hohepriester und sogar gegen den Statthalter! Davon kann nichts Gutes kommen! Aber quäle dich nicht! Es wäre besser, er wäre nicht mehr zurückgekommen! Wir brauchen ihn nicht! Arbeiten will er nicht und mit seinen gefährlichen Reden bringt er uns noch in arge Gefahr! Die Römer sind da nicht kleinlich!"

Miriam sieht ihren Sohn an. Was ist das für ein Bruder, denkt sie und sie sieht dieselben feindseligen Blicke auch in Rubens Augen. Und sie denkt an Josef und wie sehr er ihr jetzt fehlte.

Am Tag darauf, wie schon einmal zuvor, bat Miriams Sohn um ein neues Gewand und etwas Brot. Nun wusste die Mutter schon, dass er wieder auf eine Reise gehen würde, aber sie ahnte nicht, wie lange diesmal diese Reise sein würde. Er umarmte sie aber liebevoll, ja drückte sie an sein Herz, was er schon lange nicht getan hatte, und sagte: „Sorge dich nicht, Mutter. Ich weiß nicht, wann ich wiederkomme, aber immer wieder werde ich dir Nachricht zukommen lassen, um dir zu sagen, dass ich am Leben bin und dass es mir gut geht. Meine Brüder werden sich um dich kümmern und Jochanaan wird dir helfen, die Werkstatt im Sinne meines Vaters zu führen. Ich bin nicht der, den alle verleumden, und will nur das Beste für uns alle, aber das wirst du erst verstehen, wenn ich zurückkomme."

Er küsste sie sanft auf die Stirn und verließ sie.

Miriam aber blieb lange still sitzen und dachte über seine Worte nach und sie spürte, dass sie ihn lange nicht sehen würde.

Das Leben ging weiter, Jochanaan war ein fleißiger Arbeiter und das Geschäft begann wieder zu blühen. Im Hause war der Friede eingezogen, nur Rachel sah man manchmal verweint, denn sie sehnte sich nach ihrem Bruder.

Monate vergingen und dann Jahre, und immer wieder kamen Freunde ihres Sohnes und erzählten, dass es ihm gut ginge und dass er auf seiner Reise viel lernte und vielen weisen Männern begegnete und einer neuen Welt, die so ganz anders war als die seiner Vorfahren.

Jedes Mal gab Miriam das Anlass zu kleinen Festen im Kreise der Familie, und wenn sie sich ihren Sohn auch herbeiwünschte, so hatte sie auch Angst davor. Wie würde er sein? Was würde er tun? Aber sie schob diese Gedanken von sich.

Die Freunde von früher aber blieben noch immer dieselben und es gab oft heimliche Zusammenkünfte, doch diese schienen weder den Eltern noch den Behörden bekannt zu sein.

Alles schien seinen alten Weg zu gehen, die Menschen schienen Miriams Sohn vergessen zu haben. Man fragte nicht mehr nach ihm und viele dachten, er wäre gestorben.

Je länger aber Miriam wartete, desto unruhiger wurde sie und die alten Albträume kehrten wieder. Und eines Tages ging sie zu Markus, der einzige von den Freunden ihres Sohnes, der sie immer wieder besuchte und der wie sie selbst auch nicht wusste, wo dieser war.

„Wir alle wissen es nicht", pflegte er zu sagen, „aber wir wissen, dass er zurückkehren wird und uns nicht vergessen hat."

„Markus, du musst mir helfen. Ich werde sonst noch krank vor Sorge! Immer wieder kehren diese bösen Träume zurück und immer wieder sehe ich ihn verfolgt, gefoltert und verhöhnt auf offener Straße und ich muss Zeuge sein dieser Gräueltaten!"

Markus hatte ähnliche Träume, aber das wollte er nicht erwähnen. Vor allem aber hatte er ernstliche Zweifel an der Wiederkehr ihres Sohnes und gerade das durfte er Miriam nicht zeigen. Was machte dieser, sein bester Freund nun wirklich? Ein Bote hatte ihm einmal die Nachricht gebracht, dass er in einem fremden Land gesehen worden war, wie er unter dunkelhäutigen Männern saß, und es hatte den Eindruck gemacht, als benehme er sich wie ein Schüler unter weisen Männern. Aber konnte man einem Boten trauen? Wo dieses ferne Land war, konnte der Bote nicht sagen, denn auch er hatte die Nachricht von einem anderen Boten empfangen.

Und so tröstete Markus Miriam: „Auch ich weiß nicht, wo dein Sohn ist, doch ich habe das Gefühl, dass er jetzt bald kommen wird. Ich kann es nicht erklären, aber ich erinnere mich noch gut an die Zeit, als er sagte: ,Die Zeit ist reif.' Jetzt sind zwar viele Jahre vergangen, aber die Zeit ist ja ein sehr dehnbarer Begriff und wenn die Zeit, als er noch bei uns war, schon reif war, um wie viel reifer ist sie jetzt?"

„Aber was meinte er damit?", fragte Miriam besorgt, und Markus sagte nur:

„Wir, seine Freunde, wissen, dass es Zeit ist, die Menschen zum Guten zu bekehren, den Armen zu helfen und die Kranken zu heilen! Und glaube mir, er kann es. Er hat schon vor meinen Augen Menschen, die unheilbar krank zu sein schienen, wieder gesund gemacht! Und er wird es wieder können! Auf deinen Sohn, Miriam, kannst du stolz sein – er ist ein außerordentlicher Mensch und wenn es auch nur wenige wissen, er wird noch Großes vollbringen!"

Die Rose,
die noch gestern eine
Knospe war …

Der Blinde

„Das Leben ist schön",
sagte der blinde Mann,
als er die zarten Blütenblätter
einer Rose sanft betastete.
Da schämte sich der junge Mann
und hat es nie vergessen.

Jahreszeiten

Sommerwinde, von denen man im Frühling träumt,
Herbstfarben, die man im Sommer ersehnt,
und Winterstille, die der Erntearbeit folgt.
Und dann aufs Neue,
der Traum von Blüten, grünen Feldern
und jungen Blättern auf den Bäumen,
die so lange kahl und traurig
mit ihren Ästen in den Himmel zeigten.
Und jedes Jahr ein Hoffen, Sehnen, Bangen,
auch wenn man längst weiß, dass sie alle,
der Frühling, Sommer, Herbst und Winter,
wie immer kommen werden – doch wie lange noch?
Schon gibt es erste Zeichen, dass die Natur,
geschändet und missbraucht, sich rächt.
Die Winter werden länger, härter,
die Zeit des Frühlings immer kürzer
und die Sommer heißer, drückender und trockener.
Und dieser Herbst? Jeder Tag ist ein Sonnentag.
Die Natur stöhnt unter Trockenheit
und große Flüsse versanden.
Tausende Menschen in Afrika sterben vor Durst,
während in Indien riesige Wassermengen
Menschen um alles bringen, was sie besitzen.
Hilflos, so scheint es, sieht man die Großen
dieser Welt unsere Zukunft verspielen,
als wäre es nicht auch die ihre.
Aber so hilflos sind wir nicht und jeder von uns trägt
Verantwortung, wir müssen es uns nur gestehen.
Das haben wir aus unserer Welt gemacht!

Monat November

Monat der Heiligen
und der Seelen,
scharfer Fröste
und das Verblassen
aller Farben.
Dennoch nicht eintönig,
nicht Grau in Grau.
Alles ist plastischer,
durchsichtiger,
und konkreter.
Spinnwebenbäume,
nur die letzten Lärchen
schreien Feuer.
Ist es Triumph
oder Verzweiflung?
Gibt es Verzweiflung
unter den grünen Lebewesen?
Ich glaube, doch.
Aber der Herbst
ist nicht Verzweiflung,
es ist die Zeit
der Stählung,
Zeit der Strenge,
Wappnung für harte Zeiten.
Die Blätter fallen ab
und alle Kraft erfüllt den Stamm
und alle Äste
nach einem ewigen Gesetz.

Ist es nicht so,
als legte eine Frau
all ihren Schmuck ab
vor dem Schlafengehen?
Weiß der Baum schon
um den Frühling?
Oder meint er jedes Mal,
es käme der bittere Tod?
Nein, nein, in ihm,
in seinem Stamm
und seinen Ästen,
lebt auch die Hoffnung
auf den Frühling.
Die Blätter fallen leicht
und reihen sich zu anderen Blättern,
häufen sich und werden weich
und braun und runzelig
und schließlich Teil der Erde.
Als Kind träumte ich oft,
ein Blatt zu sein.
Das waren schöne Träume.

Krähen

Sie kommen, sie kommen.
Der Himmel plötzlich
schwarz gefleckt.
Jede Einzelne ein Leben,
ein Schicksal.
Doch gemeinsam
ein Gedanke,
ein Plan,
eine Zuflucht,
ein Schlaf.
Träumen Krähen?
Manchmal an ihren Schlafplätzen
fliegt eine auf.
Ein Schrei,
dann wieder Stille.
War das ein böser Traum?
Wenn sie nicht kommen,
scheint der Himmel leer.
Ihm fehlen die schweren
Flügelschläge,
die doch so leicht sind.
Unbegreiflich,
die Spiralen,
Kapriolen,
Schleifen,
wie Freudentänze.
Unbegreiflich
für uns arme
Erdgebundene.

Die Katze

Ich schaue in deine
unergründlich grünen Augen
und überlege hin und her,
wer du einst warst
und wer du heute bist.
Sie sagen zu dir Katze, weiter nichts.

Soll ich denn glauben,
dass Augen eben Augen sind,
Krallen nur Krallen
und Zähne eben Zähne?
Sie sagen einfach Katze
und weiter nichts.

Ich aber weiß,
dahinter steckt viel mehr!
Ein Tiger bist du,
ein nächtlicher Räuber!
Aus blutigen Kämpfen
trägst du die Narben im Gesicht
und die Tragödien auf
regennassen Dächern
sind sonder Zahl.
Oft warst du Sieger,
oft auch nicht,
und deine Stimme klang oft
fremd und schauerlich
unter dem bleichen Mond.

Du bist nicht Katze,
du bist ein wildes Tier,
das sich nie unterworfen hat.
Unsere Gärten sind dein Dschungel,
du bist Tiger, Löwe, Jaguar.
Der Unterschied liegt lediglich
in der Größe deiner Opfer.

Unergründlich bist du
und kaum zähmbar
und wirst es immer bleiben.
Deinem Stolz muss auch
der Mensch sich beugen,
der dich zum Haustier nahm,
jedoch niemals beherrschen wird.
Sie sagen zu dir Katze – weiter nichts.

Der kleine Tod

Achtlos, wie hingeworfen
liegst du da am Straßenrand,
Bündel aus Fell und Blut.
Was warst du früher, als du noch lebtest?
Katze, Hund, Maulwurf oder Hase?
Hat deine Neugier dich gefällt?
Oder bist du auf mysteriösem Pfad
mit Absicht in den Tod gelaufen?
Zu oft hab' ich das grausige Bild gesehen!

So sinnlos scheint dein kleiner Tod.
Oder ist er das nicht?
Vielleicht ist er ein Fingerzeig?
Sinnlos ist sicher die Geschwindigkeit,
mit der's geschah.
Geschwindigkeit ist Sünde.
Die Menschen wissen es nur nicht.
Sie fordern das Schicksal heraus.
Wenn nicht für sich, dann oft für andere,
Unschuldige, Mensch oder Tier.

Hilfe

„Hilfe!", schrie die Maus,
die in die Falle ging,
weil sie in die Speisekammer gegangen war.

„Hilfe!", schrie der Fuchs,
weil jemand ihm nachsagte,
dass er und seinesgleichen
die Tollwut hätten.

„Hilfe!", schrie der Marder,
weil er die Hühner gerochen hatte
und weil Hühner eben nur
von Menschen gefressen werden dürfen.

„Hilfe!", schrie das grüne Gras,
als die blumenliebende Gärtnerin
es abschnitt und auf den Kompost warf.
Es hatte sich ins Blumenbeet gewagt.

„Hilfe!", schrie die Brennnessel,
die sich zwischen die Obstbäume
geschlichen hatte und nicht wusste,
dass so etwas nicht erlaubt ist.

„Hilfe!", schrie die Wicke,
die sich um die Erbsenstange gewickelt hatte,
und auch ihre traumschöne Blüte nützte ihr nichts.

Aber niemand hat sie gehört.
Niemand denkt, dass auch „Unkraut" eine Seele hat
und ein Lebewesen ist.

Die Tauben

Sieben Mal sind die Tauben um das Haus geflogen
und jedes Mal drückte der Hausherr ab: Piff, Paff.
Und immer war es um eine Taube weniger.
„Bravo!", schrien die Gäste voll Entzücken.
„Wieder getroffen!", schrien sie begeistert.
Bevor der halbe Nachmittag zu Ende war,
lag da ein Haufen toter Tauben auf dem Hof.
„Mein Gott, wie dumm die sind!", rief einer,
„warum sind sie denn nicht weggeflogen?"
Ein anderer meinte: „Du wirst sehn', die lernen's nie,
gleich sind sie wieder da!
Die Dummheit muss bestraft sein!"
Es war ein herzerfrischend lustiger Nachmittag
und keiner fand sich ein,
der auf den Hausherrn schoss …

Ebene des Po

Traurig ist diese Ebene des Po. Endlose Weite, Feld an Feld. Verlorene Häusergruppen mit leeren Fenstern, manche verlassen, umringt von grauen Pappeln. Und fast endlose Reihen von Apfelbäumen, gefangen in geklonter Symmetrie. Jetzt, in den ersten Frühjahrstagen, sind auch sie grau wie die Torsos der gequälten Weidenstümpfe, die ohne Zweige totenähnlich an dem Flüsschen stehen. Manche Weingärten erstrecken sich endlos bis zum Horizont.

Hier finden keine Vögel Zuflucht in der Landschaft, da ist kein Busch, kein Platz, sich zu verstecken vor der erbarmungslosen Sonne. Die Erde zwischen den Weinstöcken ist kahl gepflügt, da lebt nichts mehr. Weder Hase noch Fasan, noch Rebhuhn, sogar der Maulwurf hat hier keine Chance zu überleben.

Und trotzdem gibt es Wälder, wenn man die Ansammlung von Bäumen hier Wälder nennen kann. Hier stehen Laubbäume, Stamm an Stamm in ganz präzisen Reihen, wie vom Computer ausgelegt und nicht von Menschen.

Die Stämme kerzengerade, wie Soldaten stehen sie da – das ist Natur verachtet und verhöhnt schlechthin. Wie kommen sie mit solcher Monotonie zurecht?

„Cloning" – das Zauberwort von heute. Ein Teufelswort, das Landschaften zerstört und nicht nur sie: die Tiere ebenso. Wäre es da ein Wunder, wenn auch der Mensch ein Opfer würde dieser Technik und seine Lebenskraft ihm raubte und seine Seele verkümmern ließe?

Die Ebene um den Po ist nur eine der vielen landwirtschaftlich genützten Landschaften in der Welt und überall sieht man gleiche Techniken am Werk, und die Stimmen derer, die das Unglück sehen, sind zu schwach, um gehört zu werden in einer Welt, die vom Profit beherrscht wird, und von Menschen, für die das Wort Natur keinen Stellenwert mehr hat.

Grüne Wüsten

Du sitzt bequem im Zug
und siehst hinaus auf grüne Felder.
Eines nach dem anderen,
alles so schön, so grün.
Aber der Schein trügt.
Es ist die neue Saat, so schön, so grün.
Das geht so ein paar Stunden,
und plötzlich geht dir ein Gedanke durch den Kopf:
Wo sind die Bäume und Sträucher,
die früher die Felder trennten?
Und wo sind alle Tiere,
die einmal das Land belebten?
Kein Hase, kein Rebhuhn, kein Fasan,
kein Fuchs, ja nicht einmal Vögel sind zu sehen.
Hie und da eine Katze oder ein Hund,
wenn ein Bauernhaus nah ist!
Wo sind sie alle?
Den Jägern zum Opfer gefallen?
So muss es sein, aber das ist nicht alles:
Unter dem Grün der Felder rührt sich nichts.
Kein Käfer, kein Wurm, kein Engerling,
kein Schmetterling, kein Heuschreck …
Und sie alle hatten einmal ein Zuhause
in den Büschen und Bäumen,
die die Felder trennten.
Der Bauer von heute will das,
was ihm von der Natur anvertraut ist,
voll und ganz besitzen.
Er lässt weder Grashalm noch Kornblume zu,
die gern im Weizen standen.

Das wäre Verschwendung des Bodens.
Das alles war nur Gier und Geiz.
Doch das Zauberwort GIFT konnte da helfen.
Für den Bauer ist das kleine Getier,
das so wichtig ist in der Nahrungskette,
nicht wert, erhalten zu werden.
Dahinter aber lauert die Rache
der geschändeten Natur,
und irgendwann schlägt sie zurück,
wie sie es schon getan,
mit Rinderpest und Vogelgrippe
und anderen noch verborgenen Übeln.
Das alles siehst du nicht,
wenn du so durch die Lande fährst.
Du siehst die Wüste nicht unter dem grünen Feld.
Wie viel Gift aber kann die Erde ertragen,
und wie viel Gift die Menschen,
bevor auch sie ein Opfer dieser Gifte werden?
Was unsichtbar in Boden und Wasser
vor sich geht, wissen wir nicht,
doch gibt es warnende Stimmen schon,
und diese werden immer lauter:
Jetzt, heute, nicht erst morgen oder übermorgen,
wenn es zu spät für eine Rückkehr ist,
muss die Giftwirtschaft ein Ende haben.

Oh Gott!

Stellen Sie sich eine Welt ohne Menschen vor.

Eine Welt ohne Menschen? Sie meinen ganz
ohne Menschen?
Ein kahler Stern? Ein toter Planet?

Nein, nein, unsere Welt ohne Menschen!

Das wäre zweifellos gut für die Tiere und Pflanzen,
ja, aber …

So wird es sein. Es ist nur eine Frage der Zeit.

Oh Gott? Wo bist du dann?

Pan

Pan lebt hier
in den Olivenbäumen,
seine Augen leuchten silbergrau
wie die Blätter,
die die Sonne fangen.

Der Goldene Oriol

Mystischer Name eines mystischen Vogels in der mystischen Welt des Amazonas. Oriol ist ein Name wie Jaspis oder Semiramis. Ein Wort aus Träumen von Edelsteinen, die in klaren Bächen glitzern, oder von Riesen, die durch Baumfarne schreiten. Ein Wort, das dich ein Leben lang begleitet und den Geschmack einer verbotenen Frucht auf deinen Lippen hinterlässt …

Hier habe ich ihn gesehen, den Goldenen Oriol. Nicht einen, einen Baum voll von diesen herrlichen Vögeln über den endlosen Wassern des Amazonas. Und jetzt ist er nicht mehr mystisch, obwohl die Welt um ihn nichts von ihrer Mystik verloren hat. Und ich werde nicht mehr zusammenzucken, wenn ich seinen Namen höre. Am Amazonas ist er ein Vogel, wie viele andere, obwohl sein prächtiges Gefieder durch seine Schönheit wie ein Diamant unter Kieselsteinen hervorsticht. Ich gehöre jetzt zu denen, die seinen Namen lässig im Gespräch erwähnen, ganz so, als wäre er mir geläufig, wie Amsel oder Drossel. Und denke dabei, dass er schöner war, als er nur in meiner Fantasie existierte. Es erinnert mich an einen Freund, der nie seine Stadt verließ, denn er wollte sie und die Träume seiner Kindheit vor der Welt da draußen bewahren.

Ist es nicht ein wenig so mit dem Mond, den wir mit unserer Neugier entzaubert haben, indem wir ihn betraten? Müssen wir immer alles so genau wissen? Wir erforschen, erklären, sezieren alles, aber wenn wir es getan haben, geht dabei immer etwas Unwiederbringliches verloren.

Ich sitze hier in einem Hausboot und schaue auf den größten Fluss der Welt mit seinen schwimmenden Inseln, die die Monotonie des fast endlosen Wassers brechen. Auf manchen stehen Kormorane, scheinbar unbeeindruckt von dem Spiel des Wassers um ihre Inselchen. Auf dem weißen Stamm eines toten Baumes sitzen Oriole und schwatzen eifrig miteinander, als wollten sie mir beweisen, dass sie keine Illusion in einem meiner Träume sind.

Die kleine Hütte, an der wir vorüberziehen, steckt voller Kinder, die lachend mit den Fingern nach uns zeigen, als wären wir etwas Außerordentliches. Eine gefleckte Henne läuft emsig hin und her, als könnte unser Boot die Schar ihrer Küken gefährden. Die Frau, die um die Hausecke kommt, so erzählt der Kapitän, betreibt auf einem Boot einen kleinen Laden, in dem sie Fische und Rum verkauft. Was wird aus allen diesen Kindern? Werden sie einmal in die Schule gehen? Welchem von ihnen wird es je gelingen, den Fluss zu verlassen? Welches von ihnen wird je die Welt da draußen, die Welt von Eisenbahnen, Autobahnen und Großstädten sehen? Der Dschungel hinter dem Haus birgt viele Geheimnisse. Manche tödlich, manche schöner, als es Worte beschreiben können. Die Schlange, die sich um einen Ast windet, dessen Zweige mit den schönsten Orchideen behangen sind …

Aber es ist nicht der Giftpfeil der Indianer, der den Goldenen Oriol töten wird, sondern der Einbruch der modernen Welt mit Neid und ihrer Gier nach Profit, der letzten Endes auch hier Einzug halten wird. Der

Goldene Oriol wird sich immer weiter in den Wald zurückziehen, solange es diesen noch gibt, und vielleicht wird er einmal das Wunder erleben, das die Menschen zur Umkehr von ihrem eigenen Zerstörungswahn zwingt. Es ist ein Traum vorerst, aber Träume kann man nicht ungeträumt machen, so wie man Worte nicht zurücknehmen kann. Darin könnte eine Hoffnung liegen …

Ich werde den Fluss bald verlassen und in meine mechanistische Welt zurückkehren, aber der wahr gewordene Traum des Oriol wird mich auf meinem Weg begleiten.

*Das größte aller Rätsel
aber ist in euch verborgen ...*

Alte Stadt

In dieser alten Stadt,
wo jedes Haus mir gehört
und die Gesichter
mir nicht neu sind,
wo der Frühling spät kommt
und der Sommer brütend heiß ist,
nur durchlöchert vom Wind,
der aus dem Osten bläst,
gehe ich wie im Traum.

Hier sage ich, bin ich kein Fremder,
und doch bin ich es, ich bin es.
Auch Fremde sind Menschen,
brauchen Freundlichkeit!
Kennt ihr mich nicht?
Ich lebte hier so viele Jahre!
Ich habe eingekauft im alten Markt –
erinnert ihr euch nicht?
War ich erst gestern nicht ein Kind?

Die Zeit läuft hundert Meilen am Tag
und oft noch schneller.
Ich warte auf Erkennungszeichen,
finde sie aber nicht.
Erkennen sie mich wirklich nicht?
Oder wollen sie es mir nicht zeigen?
Bin ich ihnen so fremd geworden,
oder hat die Zeit mich so gezeichnet,
dass ich nicht mehr erkennbar bin?

Oder meinen sie, ich hätte sie verraten,
als ich weggehen musste?
So, als wollten sie mir sagen,
heute brauchen wir dich nicht mehr.
Damals, in schlechten Zeiten,
hast du uns verlassen,
jetzt, wo alles besser ist,
kommst du zurück …

Die alte Stadt aber ist heute neu
und da sind viele Häuser,
die ich nicht kenne.
Moderne Häuser, strotzend von neuem Wohlstand,
und große Autos stehen vor großen Villen
trotz der Garage – nur zur Schau.
Die alte Kirche hat jetzt neues Gold
auf ihrem Dach, das weit hinüberleuchtet.
Auch da ist Wohlstand eingekehrt.

Die neue Zeit ist eingekehrt
und ich gehöre zu der alten
und bin ein Fremder hier geworden …
Doch ganz kann man das Gestern nicht vergessen
und deshalb bin ich fremd.
Jetzt bin ich ein Fremder überall …

Prag – der jüdische Friedhof

Ihr
Ihr seid
Ihr seid überall
Ihr seid überall an der Wand,
der weißen Wand,
der geraden, der runden,
der geschwungenen Wand.
Über vor Sonne gleißenden Fenstern,
über der dunklen, strengen Tür
reicht Ihr hinab bis zum Boden.
Ihr seid demütig, gütig, geschändet,
Ihr seid mein Gestern,
Jahrtausende alt.
Welten ertrugt Ihr,
geliebt, gehasst, auch gefürchtet.
Wüsten flossen durch Euer Blut.
Brennende Narben
zieren Eure Seelen in eckigen Zeichen,
Sand und Stein sind in Eure Knochen geprägt.
Abraham, Moses und David,
wie konntet Ihr das ertragen?
Doch Schmerzen sind irdisch –
Sie berühren Euch nicht mehr.
Wo sind Esther und Ruth
und alle Klageweiber Eurer Tage?
Wo ist die große Prozession in Trauerkleidern,
wo die bittere Myrrhe und der Weihrauch hin?

Wir
Wir sind
Wir sind hier
Wir sind hier als Erinnerung.
Warum weinst du?
Die Namen, die du siehst, sind ewig.
Wie klein doch dein Glaube ist!
Wir hüten die Geheimnisse, auch deine!
Wir sind der Anfang und das Ende.
In unserem Schoße schläft die Zeit.
Weine nicht mehr und wisse:
Es gibt andere Wände
aus anderen Zeiten
mit anderen Namen
in anderen Schriften.
Auch sie sind unvergessen.
Rufst du nach Rache?
Still, schweige still!
Zerstöre nicht die Harmonie,
die uns umgibt.
Die Zeit ist der Rächer,
obwohl ihr Rache fremd ist.

Das Haus

Das Haus war nicht mehr da.
Kein Stein, kein Stückchen Mauer,
etwas verbrannter Boden.
Jedoch nichts, keine Bombe, keine Granate,
kein Erdbeben, kein Blitz und kein Feuer
könnte auch nur ein Atom dieses Hauses
aus meiner Erinnerung streichen.

Die da draußen

Die da draußen,
die nicht zu uns gehören.
Die da draußen
gehören nirgends hin.
Weder zu uns
noch sonst wohin.

Die da draußen
bringen nur Unruhe
in unser Leben,
das Leben braver Bürger.
Und wir braven Bürger
haben jetzt Angst,
Angst, dass jemand uns
etwas wegnehmen könnte,
irgendetwas, das wir durch Fleiß
erworben haben.

Die da draußen kann man
deshalb nicht hereinlassen,
denn sie bringen Unruhe.
Wir wollen keinen Einblick gewähren,
denen von draußen.
Die sollen draußen bleiben,
wo sie hingehören.

Draußen sind alle verdächtig,
anders als wir braven Bürger.
Die haben etwas am Kerbholz,
sonst wären sie ja nicht hier, oder?

Irgendetwas stimmt mit ihnen nicht,
meinen Sie nicht auch?

Zu Hause hat man sie nicht wollen,
also deshalb sind sie hier
und wir müssen das ausbaden.
Bezweifelt das jemand vielleicht?
Kein guter Staatsbürger wäre das!

Man soll uns in Ruhe lassen,
jemand anderer soll sich um sie kümmern.
Sicher nicht wir, die wir unseren Wohlstand so
schwer verdienen mussten!
Ja, und um unsere Arbeitsplätze geht es auch,
die wollen sie uns wegnehmen,
das weiß doch jeder Mensch,
deshalb sind sie ja gekommen,
um unsere Arbeitsplätze wegzunehmen.

Die sollen draußen bleiben,
dort, wo sie hingehören,
wo auch immer das ist …

Engel

Schwarzer Engel geht durch die Straßen,
kümmert sich nicht um dich und mich.
Weiß den Weg, geht ihn unbeirrt,
Köpfe drehen sich hin
und schaudernd wieder weg.
Einen trifft es, auch zwei,
vielleicht viele.
Du bist es nicht, nicht diesmal,
aber irgendwo in der Stadt
fällt der Schatten des schwarzen Engels.

Weißer Engel geht durch die Straßen,
kümmert sich nicht um dich und mich.
Weiß den Weg, geht ihn unbeirrt,
Köpfe drehen sich hin,
hoffnungsvolles Lächeln breitet sich aus.
Einen trifft es, auch zwei,
nein, es trifft viele.
Keiner ist ausgenommen,
außer er will es so.

Weihnachten, gesegnete Zeit

Das Kasperltheater ist ein wichtiger Teil des Wanderzirkus, der einst für die Kinder da war – so meint man ...
In diesem Kasperltheater spielst du den Kasperl und ich das Krokodil und die Zuschauer, Leser oder Hörer sind erwachsene Menschen, die sich selbst ein Urteil bilden können.

Kasperl:
> Gestern ist Weihnachten gestorben. Diesmal endgültig.

Krokodil:
> Aber was sagst du da? Weihnachten kann nicht sterben!
> Es lebt, es wird immer leben!

Kasperl
(der einen Knüppel in der Hand hält,
schlägt auf das Krokodil ein):
> Dummkopf, wieso lebt es denn, es ist ja weder Mensch noch Tier!

Krokodil:
> Man kann leben, ohne Mensch oder Tier zu sein, weißt du das nicht?

Kasperl:
> Also sag mir ein Ding, das lebt, ohne Mensch oder Tier zu sein!

Krokodil:
Zum Beispiel eine Pflanze! Aber es lebt auch die Fantasie oder die Erinnerung!

Kasperl:
Die Erinnerung? Die lebt, sagst du? Ja wie lebt sie denn? Und wo?

Krokodil:
In deinem Kopf, so wie deine Sprache und vieles andere.

Kasperl:
Blödsinn! Das bildet man sich ein.

Krokodil:
Also ich bilde mir doch nicht ein, dass heute Weihnachten ist! Millionen Menschen bilden sich das doch nicht ein?

Kasperl:
Weihnachten ist eine blöde Tradition. Da feiert man etwas, was sich angeblich vor zweitausend Jahren abgespielt hat, und man weiß nicht einmal, ob es wirklich zu dieser Zeit war! Tradition ist fast immer etwas Dummes, was man einfach nicht infrage stellt. Es wird zur Gewohnheit, die irgendjemand, man weiß nicht einmal wer, einmal eingeführt hat, und das geht immer so weiter …

Krokodil (verträumt):
Weihnachten ist sooo schön!

Kasperl
(schlägt das Krokodil mit dem Knüppel):
Weihnachten ist schrecklich, sag' ich dir! Zu
Weihnachten bringen sich mehr Leute um als
sonst im ganzen Jahr. Und warum? Entweder weil
sie allein sind, oder weil sie alt sind und ihre
Kinder nichts von ihnen wissen wollen, oder weil
sie gerade ihren Partner verloren haben. Dein
Weihnachten ist bei dir ein fröhliches Fest – aber
nicht für alle! Alle feiern ein fröhliches Fest, doch
wer kein Geld hat, um Geschenke zu machen, und
keine Freunde, welche er beschenken kann, dem
geht es schlecht.

Krokodil:
Aber denk doch an die vielen Kinder, die unter
dem Weihnachtsbaum Lieder singen und sich ein
ganzes Jahr darauf freuen!

Kasperl:
Und wenn sie im Waisenhaus sind und keine
Eltern haben, oder wenn der Vater betrunken
unter dem Christbaum liegt, während die Mutter
die Kinder schlägt, damit sie aufhören zu weinen,
weil sie das nicht bekommen haben, was sie sich
gewünscht haben? Du redest immer nur von den
biederen, frommen Familien, aber die Welt ist
doch nicht so!

Krokodil:
Du siehst immer alles so negativ! Weihnachten ist
ein schönes Fest, wenn ich nur an alle die Lichter
denke in den Städten …

Kasperl:

Und denkst du nicht, dass das eine kolossale Energieverschwendung ist, wo sie uns doch alle täglich beschwören, Energie zu sparen wegen der Klimaänderung und dem Abschmelzen des Polareises? Weihnachten muss sterben, sage ich dir, ein für alle Mal. Wie viele glauben denn heute noch an das Christkind? Und wie kann denn ein Kind jedes Mal immer wieder geboren werden? Wissen die Kinder auch, dass dieses selbe Kind später einmal auf schreckliche Weise ans Kreuz geschlagen wird? Wäre Weihnachten dann auch noch so fröhlich?

Krokodil:

Man denkt doch auch nicht immer, wenn ein Kind geboren wird, was ihm vielleicht Schreckliches im Leben bevorstehen wird! Alles, was du sagst, ist immer so negativ! Denke doch lieber, dass Weihnachten so etwas wie eben ein Geburtstagsfest ist, nur dass es für alle da ist!

Kasperl:

Das ist es aber nicht, denn heute ist Weihnachten ein großer Kaufrummel und es geht nur um Geld! Gespartes ausgeben für oft sinnlose Geschenke, die keineswegs nur Kindern gemacht werden! Und wirst du einmal beschenkt, dann musst du wieder schenken, auch wenn du es dir nicht leisten kannst. Und das Geschenk darf nicht billiger sein als jenes, das du erhalten hast! Nein, also für die Erwachsenen ist es eine sorgenvolle Zeit, keine fröhliche!

Krokodil:

Da hast du sicher mit vielem recht, aber ich glaube trotz allem, dass es Weihnachten immer geben wird!

Kasperl:

Und was ist mit den vielen Menschen auf der Welt, die nicht an das Christkind glauben?

Krokodil:

Die gehen uns doch nichts an! Die sind selber schuld, wenn sie das nicht tun und deshalb kein so schönes Fest haben!

Kasperl
(schlägt das Krokodil auf den Kopf):

Aha! Jetzt hab' ich dich! Du bist auch einer von denen! Andere gehen dich nichts an, denn du bist der Größte, der Gescheiteste, der alles besser weiß! Und glaubst du vielleicht auch, dass man sie zwingen sollte, an das zu glauben, woran wir glauben?

Krokodil:

Ja, das wäre schön. Dann könnten sie mit uns feiern!

Kasperl:

Die haben auch ihre Feiern, die vielleicht noch schöner sind als die unsrigen! So viel ich weiß, sind die meisten religiöse Feste, und nicht nur Sauf- und Fressgelage wie bei uns! Die meisten von uns müssen nach den Feiertagen auf Diät gehen, weil sie zu viel gegessen haben!

Krokodil (verträumt):
   Oh diese herrlichen Vanillekipferl, diese
   Weihnachtskekse und Wind-Bäckereien! Na erst
   die fetten Ganserl oder Karpfen!

Kasperl:
   Hör auf, hör auf! Mir wird ja wirklich schlecht,
   wenn ich das hör'!

Krokodil:
   Das kommt davon, dass du keinen Geschmack
   findest an dem, was Weihnachten wirklich
   bedeutet! Diese Freude, wenn alle unter dem
   Christbaum stehen und alte Lieder singen,
   und erst die Freude, wenn die Geschenke
   ausgepackt werden! Und vor allem dieses selige
   Beisammensein!

Kasperl
(haut das Krokodil wieder auf den Kopf):
   Du Dummkopf, das ist doch Schnee von gestern!
   Wie viele Familien gibt es denn noch heute, wo
   sich das so abspielt? Die meisten Eltern leben doch
   schon in Scheidung oder sind schon geschieden.
   Das ist für viele Kinder eine traurige Tatsache, wenn
   sie klein sind, aber wenn sie Teenager sind, dann
   wollen sie von Zuhause nichts mehr wissen, gehen
   lieber mit Gleichaltrigen in die Disco. Und mit
   Weihnachten haben sie wenig am Hut!

Krokodil:
   Du sprichst schon genauso wie die! Scheußlich ist
   das alles, mehr kann ich dazu nicht sagen.

Diese neue Welt ist einfach scheußlich! Aber dir gefällt sie wahrscheinlich!

Kasperl:
Es geht nicht darum, ob mir diese Welt nun gefällt oder nicht, sondern dass sie eben so ist, wie sie ist! Das muss man einfach akzeptieren.

Krokodil:
Ich muss gar nichts akzeptieren. Warum sollte ich auch? So Leute wie dich gibt es überall, die alles das zulassen! Deshalb wird alles immer noch schlechter. Es ist erschreckend, wie unsere Welt heute aussieht, aber es schreckt niemanden mehr! Alles wird alltäglich, jeder Krieg, jede Hungersnot, jeder Tsunami, ja jeder Mord …

Kasperl:
Glaubst du, das ist etwas Neues? Das war doch immer schon so, nur wussten wir es nicht, weil es noch kein Fernsehen und kein Radio gab! Jetzt sehen oder hören wir über jedes Unglück, das sich in der Welt abspielt, auch wenn es sich weit entfernt von uns zugetragen hat. Und das geschieht jeden Tag, vierundzwanzig Stunden lang. Da muss man ja abstumpfen, denn helfen kann man ja nur in seltenen Fällen!

Krokodil:
Aber alle Menschen sind doch nicht schlecht! Man hört über die Guten nur sehr selten etwas! Wenn man nur Arges im Fernsehen sieht, dann übersieht man das doch gänzlich! Die vielen,

darunter auch ärmere Leute, die Mitgefühl haben und von ihren wenigen Ersparnissen Menschen in Not noch helfen! Und denke doch an die vielen, die heute schon viel für den Tierschutz tun!

Kasperl:
Trotzdem gibt es noch zu viele, die sich einen Spaß daraus machen, aus dem Panzer deiner Artgenossen Taschen und Gürtel zu produzieren!

Krokodil:
Ich weiß, aber dagegen gibt es schon Gesetze, die das verbieten! Von den Grünen, zum Beispiel!

Kasperl:
Du mit deinem Weihnachten und deinen Grünen! Die Grünen sind heute auch eine Partei wie jede andere, die vor allem Wähler braucht und deshalb immer wieder Kompromisse machen muss! Die Welt ist nun einmal schlecht und grausam, merk dir das, und Weihnachten ist eine Flucht davor in ein Märchen!

Krokodil:
Aber ganz abgesehen von den Parteien gibt es schon viele, viele, die darum kämpfen, dass die Luft reiner und das Wasser sauberer wird!

Kasperl:
Ja, und wenn? Jene, die die ärgsten Luft- und Wasserverschmutzer sind, halten sich da heraus,

als ginge sie das alles nichts an. Die sind nur an Geld und Profit interessiert! Aber zu Weihnachten singen sie heilige Lieder und tun ganz unschuldig.

Krokodil:
Du glaubst also wirklich, dass alle Menschen schlecht sind. Da tust du mir wirklich leid.

Kasperl
(der endlich Mitleid hat mit dem Krokodil):
Na ja, natürlich gibt es auch ein paar gute Menschen, aber der Großteil ist eigensüchtig, misstrauisch, vor allem aber herrschsüchtig und habgierig. Die einen, die nichts haben, wollen haben, und die, die haben, wollen nichts hergeben. Da seid ihr Tiere doch die Besseren! Ihr seid schon zufrieden, wenn ihr satt seid. Mehr wollt ihr nicht.

Krokodil:
Endlich sagst du auch etwas Nettes – das ist ja schon fast ein Wunder! Dabei gehörst du ja auch zu der Sorte, die du verdammst!

Kasperl:
Ja, leider, aber ich bin dem ganzen Schwindel jetzt auf die Schliche gekommen. Und dazu gehört auch Weihnachten. Trotzdem gibt es da etwas noch viel Schlimmeres, nämlich das liebliche Fest, das wir Ostern nennen! Das ist auch so ein Fest für Kinder. Da suchen sie Ostereier, die angeblich ein Hase gelegt hat. Die freuen sich, im Gras zu suchen und Dinge zu finden, von denen sie bald herausfinden, dass die Eltern sie versteckt haben.

Dann sind sie um eine Illusion leichter. Aber was Ostern wirklich bedeutet, hat nichts mit Ostereiern oder Hasen zu tun, denn da feiert man zwei Tage vorher den Tod eines Menschen, den man Gottes Sohn nennt. Ein furchtbarer Tod, nach Foltern und einem Martyrium, das man sich heute ja kaum vorstellen kann, wird ein Mensch ans Kreuz geschlagen, auf dem er dann elendig sterben muss. Dass er dann wieder aufersteht, ändert nichts an diesem schrecklichen Tod, ja das Kreuz wird zu einem Symbol für die Christen aller Welt, dieses Symbol des Grauens. Ostern ist demnach ein Totenfest, vor allem für jene, die an die Auferstehung nicht glauben.

Krokodil:
Ich verstehe gar nichts mehr. Hat dieser Mensch-Gott wirklich gelebt?

Kasperl:
Ja, das glaube ich schon, wenn es sich auch vor so vielen Jahren ereignet hat, und wenn es auch schriftliche Zeugen nie gegeben hat. Es ist alles niedergeschrieben von Menschen, die ihn nie gekannt haben. Aber trotzdem spricht viel dafür, dass er wirklich gelebt hat, und auch, dass er gekreuzigt wurde. Dass er dann auf wundersame Weise in den Himmel aufgefahren ist, ist natürlich nicht bewiesen.

Krokodil:
Die Sache mit Ostern und dem Eiersuchen finde ich sehr nett, denn Kinder mögen solche Sachen,

aber dass als Grund für so ein Fest der Mord
an einem Menschen verstanden wird, klingt sehr
eigenartig!

Kasperl:

Komisch, dass du das einen Mord nennst, aber
natürlich war es das! Er hat den Machthabern
einfach nicht gepasst, war sehr beliebt in gewissen
Kreisen, hatte später viele Anhänger und war
potenziell gefährlich. So etwas kann eine Diktatur
nicht brauchen. Verstehst du jetzt? Weil sie ihn
aber den Sohn Gottes genannt haben, durfte er
nicht wirklich sterben wie ein gewöhnlicher
Mensch und musste zu seinem Vater zurück-
kehren.

Krokodil:

Und das ist derselbe, der als Kind Christkind
genannt wird und den man zu Weihnachten feiert?
Und dann als Toter zu Ostern wieder gefeiert wird?
Die Menschen sind doch sehr komisch! Aber sag,
ist er nicht der Gott, der auch uns Tiere geschaffen
hat?

Kasperl:

Wieso weißt du denn das?

Krokodil:

Na ja, so dumm sind wir Tiere doch auch nicht!
Man hört so allerhand. Wenn das derselbe Gott
ist, dann verstehe ich nicht, dass er uns nicht
besser in Schutz nimmt gegen die Bosheit der
Menschen!

Kasperl:
    Wenn es ihn überhaupt gibt, Krokodil! Was wäre,
    wenn es ihn gar nicht gibt, wie viele auch das
    glauben? Wäre dann alles anders? Jedenfalls
    brauchte es nicht einen Gott, der schon mehrmals
    versucht hat, die Menschenrasse zu vertilgen,
    denn die vertilgt sich schon von selbst.

Krokodil.
    Weißt du, Kasperl, ich habe lieber Weihnachten,
    und Ostern und alles Nähere soll mir gleichgültig
    sein!

Kasperl
(mit einem tiefen Seufzer):
    Hast ja recht, Krokodil, wir zwei können eh nichts
    dagegen machen!

*Dann ist der Tod
wieder ein Lachen wert …*

Lebensspanne

Was bedeutet das Wort „Lebensspanne"?
Wenn nichts Unvorhergesehenes eintritt, so sind
das 70, 80 oder sogar 90 Jahre.
Das Faszinierende am Altwerden ist, dass man nicht
weiß, wie es geschieht.
Man weiß zum Beispiel nicht, wie das Altern der
Zellen im Körper vor sich geht, welche sich erneuern
und welche nicht.
Jedenfalls macht das das Leben, sagen wir nach dem
siebzigsten Geburtstag, ziemlich spannend.
Wenn man sich zu dieser Zeit relativ wohl fühlt,
scheinen Geburtstage wirklich nur da zu sein, um den
Menschen ihre Sterblichkeit vor Augen zu führen.
Aber das Alter hat auch seine guten Seiten.
Man beginnt die Zeit zu schätzen und bedauert, dass
man früher so oft Zeit verschwendet hat.
Jetzt verschwendet man keine Zeit mehr.
Jeder schöne Sonnenuntergang wird zu einem
Erlebnis, auch wenn damit ein Tag zu Ende geht, ein
Tag, der einen selbst dem Ende näher bringt.
Irgendwann also beginnen die meisten Menschen
über dieses unausweichliche Ende nachzudenken.
Und selbst die Gescheitesten unter jenen, die ich
kenne, stellen die Frage: Glaubst Du, dass es
NACHHER etwas gibt?
Da wir das nie wissen werden, sage ich dann immer:
Es gibt, wie bei den meisten ewig offenen Fragen,
immerhin eine fünfzigprozentige Chance, dass es
etwas gibt, wenn wir auch nicht ahnen, in welcher
Form das sein könnte.

Physisch ist da nichts zu erwarten, denn das wäre ja der reinste Aberglauben!

Und die Idee, dass unsere Seelen nach dem Tod vor ein strenges Gericht gestellt werden, die man in vielen Religionen findet, ist die uralte Methode, die Menschen im Diesseits zu einem moralischen Verhalten zu bringen.

Aber gerade das hat das Alter vieler Menschen überschattet und ihnen die Angst vor dem Tod gebracht.

Ohne den Glauben an ein Leben im Jenseits ist für viele der Gedanke an den Tod etwas Schreckliches.

Erst die Hoffnung auf Unsterblichkeit scheint dem Leben einen Sinn zu geben.

Ich aber meine, dass alles, was wir in unserem Leben sagen und tun, ein Stück Unsterblichkeit in sich trägt.

Hat doch jedes Wort, das man zu anderen spricht, eine Wirkung und jede Tat löst weitere Taten aus.

Liegt darin nicht ein Stück Unsterblichkeit?

Wer das weiß, muss in meinen Augen keine Angst mehr haben vor dem Tod.

Er weiß, dass das Glück auf Erden zu finden ist und nicht erst in einem ungewissen Jenseits.

Daher sollte man leben, als gäbe es keinen Tod, und seinen Weg unbeirrt gehen, Pläne schmieden, wie eh und je neue Freundschaften eingehen, sich seinen Hobbys widmen – kurz, ein volles Leben führen.

Und doch sollte man wissen, dass jeder Tag der letzte sein kann.

Diese Dinge zu vereinen macht die Kunst des Lebens aus.

Freunde in der Ewigkeit

Es vergeht kein Tag, an dem ich nicht an euch denke.
Es geht mir gut, aber ich vermisse euch sehr.
Ihr habt mir viel gegeben und immer wenn ich euch
zitiere, seid ihr wieder ganz bei mir,
es fehlt nur, dass ich euch berührte …
Wenn ihr mir im Traum erscheint,
bin ich oft nahe dran, euch zu berühren,
weiß aber, das die Hülle ja nichts
bedeutet und nur mein Drang,
euch zu besitzen, mich verleitet.
Wir Irdische, es ist absurd,
hängen an Äußerlichkeiten,
die wir für so wichtig halten.
Das, was ihr wart, das ist wichtig,
und keiner von euch ist gegangen,
ohne etwas Wichtiges gesagt oder getan zu haben,
das mich auf meinem Weg begleitet.

Erfüllt euch das mit Freude?
Ich glaube schon,
ich hoffe es jedenfalls.
Das Wissen, das von euch ausgeht
und das ihr mir stets vermittelt,
ob ihr es nun wollt oder nicht,
lässt mich immer weiter wachsen,
bis es so weit ist, dass wir uns wieder finden.

Wenn man von meinen Eltern absieht,
die natürlich das größte Anrecht
auf meine Erinnerungen haben,

seid ihr so etwas wie ein Rettungsanker,
wenn die Zeiten schlecht sind.
Aber das wisst ihr, da bin ich sicher.

Natürlich kann ich nicht mehr unterscheiden,
wer was wann gesagt oder getan hat, aber in der
Summe könnt ihr euch in mir wieder erkennen,
nicht wahr?
Meine Erinnerung lässt leider nach,
das dürft ihr mir nicht übel nehmen,
denn das ist der Fluch des Alterns.
Aber das soll euch nicht verdrießen,
denn das, was oft als vergessen gilt,
kann jederzeit, meist ungewollt
wieder zum Vorschein treten
durch ein Wort, ein Bild
oder eine bestimmte Situation …
Ich bilde mir ein, dass das Dinge sind,
die ihr sanft, doch bewusst steuert …

Überhaupt ist es ja eine nie zu beantwortende Frage,
was ihr bewegen könnt!
Vielleicht nichts, vielleicht vieles.
Ich finde, gerade das, was ich nicht weiß,
macht das Leben erst lebenswert
und es beschäftigt mich bei Tag und nachts
in meinen Träumen und manchmal,
einmal in tausend Malen, bin ich ganz nahe
an der Lösung vieler Rätsel,
aber der Traum ist aus, bevor ich es gewollt,

und übrig bleibt die dumpfe Ahnung,
dass es eine Lösung gibt,
die ich in diesem Leben nicht finden kann.

Das größte aller Rätsel aber ist in euch verborgen.
Nur ihr könntet es für mich lösen,
doch es ist nicht in eure Hand gegeben.
Was aber wäre unser aller Leben,
wenn wir alles wüssten?
Ein Fass voll Wissen,
ohne Zweck und voller Überdruss.
Wir würden bald zugrunde gehen,
denn Menschsein heißt, nach etwas streben,
herausgefordert werden, Hürden überspringen.
Wir würden bald am Leben müde werden,
erschlaffen und schließlich verzweifeln.
Ihr habt mir vorgelebt, wie man das Leben meistert,
und ich versuche euch auf eurem Weg zu folgen.
Nur eines noch:
Vergesst mich nicht!

Das Lied vom Tod

Warum soll ich nicht singen, wenn ihr hier weint?
Ist mein Lied nicht besser als alle eure Tränen?
Mein Lied heißt Fröhlichkeit, denn dieser Tod,
den ihr beweint, hat für mich nur das Lachen
der Unsterblichkeit.
Mit ihm stehe ich täglich auf
und lege mich täglich mit ihm schlafen.
Oft drehen sich Leute auf der Straße nach mir um.
Da war doch etwas, was sie in mir sahen –
Etwas so Leichtes und Beschwingtes,
als wär' das Leben nur ein Spiel.
Dabei war es nur etwas Fremdes,
das sie nicht verstanden.
Dann fraß der Alltag wieder sich in ihre Seele
und verschlang sie Zelle um Zelle.
Sie aber wussten es nicht.
Es war eine Hilflosigkeit in ihren Gesten.
Was war der Sinn in allem, was sie taten?
Und war niemand, der ihnen leise sagte:
Nur Mut! Alles hat einen Sinn,
man muss ihn nur erkennen!

Sinnlos ist nur, was endlich ist.
Doch nichts ist endlich – nichts.
Auch ihr seid gefangen in dem Zwang der Zeit.
Aber was ist Zeit? Etwas Unendliches.
Und wenn die Zeit unendlich ist,
seid ihr es dann nicht auch?
Wenn das jedoch so ist, Freunde, dann seid ihr groß.
Ja, groß und wichtig, jeder von euch.

Und alles, was ihr sagt und tut, ist unendlich,
unendlich wichtig für euch, wie für uns alle.
Das millionenzellige Getreidefeld,
das ihr im Wind bewundert,
strebt seiner Reife sicherer zu als ihr!
Wozu das alles, fragt ihr Tag für Tag,
und das ist eure größte Sünde.
Und deshalb hört mir zu, wenn ich jetzt singe,
denn ich singe nur für euch.
Jedoch das Lied ist nicht so leicht zu singen,
vor allem ist die Melodie so schwer!
Ich weiß, ich habe sie oft geübt,
aber so ganz gelingen will sie nie.
Mein Wissen, müsst ihr wissen, ist nicht immer
im Einklang mit dem Tun!
Für euch kann ich die Dinge ja erklären
und singe sie auch gern.
Wer aber singt sie für mich?
Wer tröstet mich, wenn ich mich fürchte
vor der Einsamkeit des ganzen Alls?
Wer tröstet mich, wenn Sterne bersten
und Sonnen tausendfach verglühen?
Wer sagt mir dann, dass Sterne und Sonnen
auch stündlich neu entstehen?
Ich muss es selber tun.
Dann ist der Tod wieder ein Lachen wert,
von einem Requiem will ich nichts hören,
denn nichts ruht auf der Welt,
noch irgendetwas außer unserer Sphäre.
Und wenn ich auch nicht weiß,
woher das Echo meines Liedes kommen wird,
so werd' ich es erkennen
unter Millionen Sphärenklängen.

Das Licht

Ein Licht verlöscht. Eines von vielen Lichtern,
die die Welt mal kurz, mal lang beleuchtet haben.
Es ist ein Licht, das auch mein Leben erleuchtet hat,
und ich sehe es jetzt, gerade jetzt,
wo es seit Tagen meine Träume erhellt.
Lange Zeit hat es die Welt erhellt
und viele haben sich darin wie in einer Sonne
wärmen können.
Leb wohl, sage ich zu dem Licht und danke Dir,
und wenn es auch Dir nie bewusst war,
dass du anderen ein Licht warst,
wird es mich begleiten,
bis ich es weitergeben kann, vor allem jenen,
die im Dunkeln stehen und ein Licht
dringend brauchen.

Erinnere dich

Erinnere dich nicht an mich wie etwas,
was du irgendwann verloren hast.
Erinnere dich, so wie man sich
lieb gewonnener Plätze oft erinnert.
Plätze, die man ersehnt hat
und die das Herz erfüllten bis zum Rand.
Plätze, deren Erinnerung ein Lächeln dir
auf deine Lippen zaubert.
So sollst du dich an mich erinnern.

Und lass mich, wie im Traum von weit her,
Zeuge dieses Lächelns sein.
Und lass mich hören, wie du sagst:
Er sagte immer …
So wie du dich immer lustig machtest,
wenn ich sagte: Sie oder er sagten immer …
So soll es sein.

Hast du mich nicht lang genug gekannt,
dass das natürlich ist,
wenn du dich so an mich erinnerst?
Aber sage es bitte, wie im Scherz,
mit einem Lächeln und nicht traurig,
nicht mit einem Knoten in deinem Hals,
der andere verlegen macht!

Und überhaupt, weine nicht eine Träne je für mich,
denn in dem anderen Leben nährt mich
dein Frohsinn,
und dein Lachen wird mir folgen
und mich begleiten ohne Ende.

Auferstehung

Auf Wiedersehn, ihr alle, und ich danke euch,
dass ihr mich hier verstreut habt!
Denn anders als sonst üblich,
finde ich hier Erlösung.
Hier unter Steinen liegt nun meine Asche,
eins mit Erde, Pflanze und Getier.
Lasst doch die Käfer und den Maulwurf
mich begleiten auf meinem Weg
zurück in die Natur.
Schon fühle ich, wie Wurzeln wachsen unter mir,
bald werde ich verwandelt sein –
ein Teil von etwas Neuem:
Ein Gras, ein Farn, ein Busch, vielleicht ein Baum!
Ihr armen Narren aber
werdet in schwarz pompöser Zeremonie
in eine Kiste eingesperrt, die einem Baum gestohlen war.
Dort werdet ihr, Gott weiß es, liegen,
bis eure Gebeine weiß wie Marmor sind,
nur um dann eines Tages –
die Farce ist ja zum Lachen –
ohne Respekt und Zeremonie
von irgendeinem abgebrühten Kerl
auf irgendeinen Platz geschmissen,
und niemand lebt mehr, den dies kümmern wird.
Wer war der Hypokrit, der Friedhöfe erfand
zur Glorie des schwarz lackierten Personals,
das Hand aufhaltend Pietät vorgibt?
So will's die Kirche.
Und überall tut man, was sie verlangt,
auch wenn es noch so teuer ist.

Ich hab' es auch getan
für Vater, Mutter und Verwandte,
denselben Schwindel hab' ich mitgemacht –
aus Tradition, wie man so sagt,
und weil es alle tun.
Und Tränen hab' ich auch geweint, ich Dummkopf!
Gott weiß, ob sie es wollten!
Mich aber habt ihr nun verstreut unter Olivenbäumen,
gekreuzte Hände auf dem Leichentuch
sind nichts für mich.
Wer will denn Gott im Tod noch täuschen?

Gertraude Portisch

Der liebe Gott
und die Großmama

Geschichte einer Rebellin

Der Religionslehrer erklärte den Kindern, dass nur Katholiken in den Himmel kommen können. „Das ist eine Lüge!", schrie sie, warf zornig ihre Schultasche vor die Füße des Katecheten und lief aus dem Klassenzimmer. Seither hat sie nicht aufgehört, eine Rebellin zu sein: Gertraude Portisch, damals hieß sie noch Traudi Reich. Der Vater ist Jude, die Mutter Katholikin. Der Vater wird von den Nazis in die Konzentrationslager Dachau und Buchenwald verschleppt, kommt knapp vor Kriegsbeginn frei, muss Deutschland sofort verlassen, die Mutter geht mit ihm. Die Kinder bleiben zurück. Es sind die Quäker, die sie und viele andere Kinder im letzten Moment nach England bringen. Als Flüchtling landet die Autorin unerwartet hinter Klostermauern. Doch nicht als „Braut Christi", nicht als Nonne, sondern als Hilfslehrerin in der vom Kloster betriebenen Schule. So hat noch keiner ein Kloster von innen erlebt, als einzige Laiin unter Nonnen. Demut wird hier gefordert, kritisches Denken untersagt. Aber die Reich-Tochter bleibt Rebellin. Was sie dabei erlebt, zwingt sie zur Auseinandersetzung mit Gott und der Welt.

EP-Verlag: ISBN 978-3-9026350-0-6

Gertraude Portisch ist Traudi Reich für die Kinder!

In einer Wüste, unserer Zeit weit voraus, trotzen nur noch das Einhorn und der Baum dem Sand. Es scheint keinen Ausweg mehr zu geben, außer … „Drüben", flüstert der Wind. Das Einhorn macht sich auf die Suche und trifft eine Eidechse, eine Gazelle, einen Lemuren und schließlich einen Löwen. Der Wind weist ihnen den Weg, und immer mehr Zeichen deuten darauf hin, dass die Menschheit schuld ist an all diesen Verwüstungen. Werden sie Drüben finden? Eine hoffnungsvolle Reise, bei der Freundschaft über alles geht und am Ende selbst der Mensch sich überlegt, was er besser machen kann.

Obelisk Verlag: ISBN 978-3-85197-690-8

Traudi Reich

Toby und seine Freunde

Eine wahre Geschichte
für Klein und Groß

Toby ist ein fantasiebegabter kleiner Junge aus Wien, der für einige
Zeit mit seinen Eltern in New York lebt. In der fremden Umgebung,
unter Menschen, deren Sprache er zunächst nicht versteht, und
ohne Freunde baut er sich seine eigene Welt auf. In seiner Fantasie
erfindet Toby unsichtbare Freunde, die ihn überallhin begleiten und
denen er alles anvertrauen kann. Das Familienleben mit Toby und
diesen Freunden wird nun turbulent, fröhlich und voller seltsamer
Abenteuer. Es ist eine wahre Geschichte, die Traudi Reich hier er-
zählt und gar nicht so ungewöhnlich, denn viele kleine Kinder reden
und leben oft mit erdachten Spielgefährten. Tobys Freunde werden
jedenfalls die Eltern ebenso zum Lachen bringen wie die Kinder.

EP-Verlag: ISBN 978-3-9502967-1-6

Namenlos blinken nachts die Sterne vom Himmel. Pavlos will es genauer wissen. Und so erzählt ihm sein Großvater die Sagen und Mythen, die den Sternen ihre Namen gaben. Bald strahlen Kassiopeia, der Große Bär, Orion und all die anderen für Pavlos um die Wette. Es heißt sogar, dass man in einer bestimmten Nacht auf einem Mondstrahl bis zu den Sternen gelangen kann. So könnte Pavlos auf Pegasus reiten, Steinbock, Wassermann und Orion einen Besuch abstatten – und über sich selbst hinauswachsen.

Spannende Sach-Geschichten über die Sternbilder, ihre Namen und ihre Bedeutung hat Traudi Reich gesammelt. Sie verpackt sie in eine mitreißende Erzählung, die uns Seite für Seite die Sterne vom Himmel holt.

Residenz Verlag: ISBN 978-3-7017-2130-6